Gunnar Velhagen
Masterplan Frauenkontakte

Wer wagt, gewinnt

Gunnar Velhagen, Masterplan Frauenkontakte

Bibliografische Information der Deutschen Nationalbibliothek

Die Deutsche Nationalbibliothek verzeichnet diese Publikation
der Deutschen Nationalbibliografie;
Detaillierte bibliografische Daten sind im Internet üb
http://dnb.d-nb.de abrufbar

© 2012 Gunnar Velhagen
Herstellung und Verlag: Books on Demand
GmbH, Norderstedt
Umschlagfoto ©Angel_a/Fotolia.com

ISBN 978-3-8448-101-03

Inhaltsverzeichnis

Masterplan Frauenkontakte

Lieber Leser machen sie sich mit mir gemeinsam auf die Suche nach der Frau ihres Lebens. Partnersuche ist auch eine Art der Selbstfindung. Außerdem macht es sehr viel Spaß.

Schließlich sind wir ohne eine Partnerin nicht komplett, mir ging es jedenfalls so. Mit diesem Buch werden sie in die Lage versetzt schnell und effektiv ihre Traumfrau zu finden.

Zentrales Anliegen dieses Buches ist es ihnen Wege zu zeigen wie Sie schnell, einfach und vor allen Dingen wiederholbar, Kontakte zu Frauen herstellen. Es geht nicht darum, Frauen durch Flirtsprüche oder Hypnose ins Bett zu bekommen, sondern darum überhaupt erst Frauen kennenzulernen. Die meisten Flirtratgeber handeln davon, wie man Frauen von sich überzeugt, manipuliert, beeinflusst, hypnotisiert oder so ähnlich. Das wichtigste bei der Partnersuche ist, schnell und zuverlässig Kontakte zu Frauen herzustellen, die ebenfalls auf der Suche sind. Wenn genug Frauen zur

Verfügung stehen, ergibt sich fast automatisch mehr.

Mit meiner Methode schaffen Sie einfach mehr Möglichkeiten. Darum geht es, mehr Möglichkeiten zu haben um in kurzer Zeit Kontakt zu vielen Frauen zu bekommen.

Meine Methode eignet sich auch besonders für gebundene Männer oder Männer mit wenig Zeit. Denn wenn sie Frauen auf konventionelle Art und Weise anzusprechen, brauchen Sie viel Zeit. Sie müssen zu den Orten fahren an dem sich Frauen üblicherweise abends aufhalten. Diskotheken oder Ähnliches und dort Frauen ansprechen. Sie brauchen Geld und Zeit für Fahrt, Eintritt und Getränke. Wie viele Frauen können Sie an einem Abend ansprechen? Wie viel Körbe werden sie wohl erhalten? Fazit: Meist ist der Abend vertan. Es lohnt sich einfach nicht. Es sei denn, sie tanzen gern.

Mit minimalem Aufwand maximale Erfolge

Ich habe eine Methode entwickelt mit der schnell, einfach und kostengünstig viele Kontakte zu Frauen hergestellt werden. Ich zeige ihnen wie sie auf Singlebörsen und mit Bekanntschaftsanzeigen gleichzeitig viele Frauen kennenlernen können. Durch einen humorvollen oder romantischen Text werden die Frauen angeregt Kontakt mit ihnen aufzunehmen. Sie lernen wie man ein Profil auf einer Singlebörse einrichtet, dass Frauen anspricht. Ich verrate Ihnen wie Sie Frauen auf Singlebörsen mit Anschreiben für sich interessieren. Im Kern geht es darum viele Kontakte herzustellen. Sie gestalten ein Angebot, (sich selbst) dieses Angebot bewerben sie auf dem Partnermarkt. Interessierte weibliche Interessenten werden sich bei ihnen melden. Doch nur wenn sie ein interessantes Angebot offerieren, das sich deutlich von den Angeboten ihrer Mitbewerber abhebt.

Diese Art der Kontaktaufnahme variiert, je nach Medium, also Bekanntschaftsanzeige oder im Netz.
Dazu liefere ich ihnen die nötigen Werkzeuge.

Alles, was ich ihnen in diesem Buch vorstelle, habe ich selbst getestet und es funktioniert.

Tipp: Wenn sie mit dem Buch und den hier vorgestellten Werkzeugen und Texten ihre Traumfrau kennen gelernt haben, lassen sie das Buch verschwinden.
Sonst wird ihre Liebste später sagen: „Das ist alles nicht von dir."

Der Partnermarkt

Ich vergleiche die Suche nach der großen Liebe auch gerne mit dem Treiben auf einem Markt.

Es gibt einen Marktwert, eine Angebot und eine Nachfrage, also einen Markt.

Sie haben auch einen solchen Wert. Sie können ihren Wert sogar feststellen, indem Sie Frauen auf Singlebörsen anschreiben. Meint die Angeschriebene, dass Sie mit ihrem Angebot zufrieden ist, wird Sie ihnen zurückschreiben. Bekommen Sie wenig oder keine Resonanz, ist ihr Marktwert niedrig.

So steigern sie ihren Marktwert

Auf dem Markt, auf dem wir uns bewegen, haben die Frauen das Sagen, es herrscht also „Damenwahl". Darum müssen wir uns überlegen, welche Präferenzen Frauen haben. Dazu müssen wir wissen, dass Männer und Frauen vollständig andere Kriterien für ihre

Partnerwahl haben. Während Männer 5 min brauchen, um ein Kind in die Welt zu setzen, ist eine Frau jahrelang an ein Kind gebunden.

Daraus ergeben sich vollständig andere Präferenzen für das jeweilige Geschlecht. Männer sollten bei Frauen auf Jugend und Gesundheit achten, während Frauen auf die Ressourcen ihres erwählten Partners schauen sollten und auch tun.

Ressourcen sind zum einen Status und damit verbunden Dominanz. Frauen suchen auch Zuverlässigkeit, Sicherheit und Verbindlichkeit. Denn ihr Interesse geht darauf hinaus mit dem Partner zusammen ihr gemeinsames Kind großzuziehen. Das kann Sie aber nur mit einem Partner, der sie beschützen und versorgen kann, natürlich auch bei ihr bleibt und zu ihr steht.

Was bedeutet das jetzt praktisch für uns?

Praktisch bedeutet das je höher ihr Job, desto besser kommen Sie bei den Frauen an. Sind Sie zum Beispiel arbeitslos, sollten Sie das nicht in ihr Profil auf einer Partnerbörse schreiben. Sie sollten auf jeden Fall zuverlässig sein und Ziel orientiert. Das können Sie zum Beispiel schon mit ihrer Sprache ausdrücken. Vermeiden Sie Worte wie" vielleicht" oder" ich weiß nicht"," wenn du meinst". Bringen Sie klar zum Ausdruck, was Sie wollen. Frauen mögen keine Männer die nicht wissen, was sie wollen. Entscheiden sie, bleiben sie dabei was sie entschieden haben. Wechseln Sie nicht jeden Tag ihre Meinung. Seien Sie verbindlich. Das bedeutet, dass Sie nichts versprechen sollten, was sie nicht halten können. Das gilt, nicht nur in Bezug auf Frauen, sondern natürlich in besonderem auch für Kinder. Ich persönlich fand es immer schlimm, etwas versprochen zu bekommen, was dann nicht gehalten wurde.

Haben Sie mehr als zwei Kinder, sollten Sie das in einer Partnerbörse lieber auslassen. Das können sie später dann richtigstellen. Denn viele Kinder bedeuten weniger Ressourcen.

Was können Sie tun, um ihren Status zu erhöhen?

Sie können sich zum Beispiel elegant anziehen. Also Anzug und Krawatte. Kommt auch meistens gut an. Sakko und Jeans gehen auch. Die üblichen Statussymbole, wie Auto, Schmuck (nicht zu übertrieben), Uhr und Handy ziehen heute immer noch.

Ein gut trainierter Körper ist auf jeden Fall ein Pluspunkt. So können Sie ihre Liebste besser schützen.

Was auf gar keinen Fall geht, ist Geiz.

Frauen stehen auf Selbstbewusstsein, Humor, Intelligenz und Freundschaft. Humor und Intelligenz kommen sogar noch vor Sex. Lesen sie, belesene Männer kommen auf jeden Fall gut an. Ich habe schon Frauen kennengelernt, die noch nie ein Mann getroffen haben der liest. Damit machen sie auf jeden Fall viele Punkte.

Dieses Buch ist in drei Teile aufgeteilt.

Im ersten Teil erkläre ich ihnen wie sie mit meiner Methode bei wenig Einsatz viele Erfolge generieren. Meine Methode arbeitet mit mehreren Werkzeugen. Einmal geben sie eine oder mehrere Bekanntschaftsanzeigen auf und sprechen damit gleichzeitig mehrere 1000 Frauen an. Parallel richten sie auch auf einigen ausgewählten Singlebörsen im Internet ein Profil ein und machen damit Frauen auf sich aufmerksam. Zusätzlich können sie auch gezielt von diesen Profilen aus Frauen anschreiben.
Wie das genau funktioniert und wie man das automatisiert, erkläre ich ihnen später.

Im zweiten Teil verrate ich Ihnen, wie Sie aus diesen Kontakten mehr machen. Ich sage ihnen wie Sie Ihr erstes Rendezvous für die Frau zu einem unvergesslichen Erlebnis machen. Welche Geschenke gut ankommen, worauf Frauen achten usw. . Im zweiten Teil gibt es auch ein Kapitel für gebundene Männer.

Im dritten Teil erzähle ich ihnen was ich alles mit dieser Methode erlebt habe. Womit sie rechnen können. Außerdem gebe ich ihnen noch viele wertvolle Ratschläge.

Dieses Buch ist für Männer geschrieben, darum die männliche Form.

Zunächst eine Metapher:

Stellen Sie sich einen Angler vor, der viele Fische fangen will. Er kann eine Angel benutzen und mit einem Köder sein Glück versuchen. Er kann seinen Fangerfolg aber auch maximieren indem er mit mehreren Angeln und verschiedenen Ködern fischt. Er könnte sogar in unterschiedlichen Gewässern gleichzeitig fischen. So hat er die Chance alle Fische, die sich in den entsprechenden Gewässern aufhalten anzulocken. Er ist nicht auf eine Sorte Fisch beschränkt. Er hat seine Chancen maximiert.

Genau darum geht es in diesem Buch. Maximieren Sie Ihre Chancen, indem sie in mehreren Medien aktiv werden. Also eine Bekanntschaftsanzeige aufgeben und dann noch auf 2-3 Singlebörsen aktiv werden. So erreichen Sie viele Frauen auf einmal. Von diesen vielen Frauen werden einige an ihnen interessiert sein. Aus dieser Menge Frauen können Sie dann eine Auswahl treffen. Es ist einfach und effektiv und spart viel Zeit. Wie viele Frauen können Sie ansprechen, wenn sie abends in eine Disco oder eine Tanzbar gehen? Und wie hoch ist der Aufwand? Sie können auch ganz großes Pech haben und den Abend mit einer Frau verbringen, die ihnen anschließend sagt" Danke für den schönen Abend, aber jetzt muss ich nach Haus zu meinem Mann.

Mit meiner Methode sprechen Sie viele 1000 Frauen auf einmal an. Das geht durch Anzeigen in der Zeitung und dadurch, dass Sie auf mehreren Singlebörsen aktiv werden.
Dabei ist die Anzeige oder ihr Auftritt im Internet der Multiplikator für ihre Botschaft an die Frauen.

Teil eins

Zunächst eine allgemeine Einführung

Viele Männer, die ich kenne, haben ihre Frau zufällig kennengelernt. Die meisten sind mit ihrer Zufallswahl nicht glücklich. Fast die Hälfte aller Ehen wird wieder geschieden. Die Wahl des nächsten Autos oder die Suche nach dem nächsten Urlaubsziel wird gründlicher ausgeführt als die Partnerwahl. Manchmal denke ich, dass es Menschen gibt, die auch mit einem Affen zusammenziehen würden, nur um nicht allein zu sein.

Die richtige Einstellung

Wichtig ist bei der Frauensuche die richtige Einstellung zu haben. Sie bekommen immer das, was sie erwarten. Wenn sie ein vermindertes

Selbstwertgefühl haben, das merken Frauen übrigens sehr schnell, werden Sie eine Frau bekommen, die sie entsprechend behandelt. Seien Sie ein Mann, Männer wissen, was sie wollen. Sagen Sie das auch zu ihr. Gehen Sie davon aus, dass ihre Traumfrau da ist, und dass sie ihre Herzensdame bald finden werden. Verkaufen Sie sich nicht unter Wert. Ich kenne viele Männer die mehr oder weniger zufällig ihre Partnerin kennen gelernt haben. Eigentlich war es ihnen, egal wie ihre Partnerin ist, Hauptsache Sie haben eine. Sie sind aber nicht glücklich in dieser Beziehung. Im Unterschied dazu Männer, die gezielt Ihre Wunschpartnerin suchen. Suchen sie solange, bis sie das haben, was sie sich wünschen. Auch wenn die Suche manchmal etwas länger dauert. Dranbleiben, das Leben belohnt den der dranbleibt, nicht den, der immer wieder aufgibt.

Sie können doch nur gewinnen. Tun Sie nichts, bleibt alles so, wie es ist, und das wollen sie nicht. Wenn sie handeln, werden sie auch Ergebnisse erzielen.

Wer sind Sie?

Bevor es richtig losgeht, müssen wir uns mit den zwei wichtigsten Personen auseinandersetzen.
Wer sind Sie und daraus ergibt sich dann auch, wen Sie suchen.
Sie sollten die Ergebnisse dieses und des nächsten Kapitels am besten schriftlich festhalten.

Zunächst ihr Selbstbild. Wie würden Sie sich selbst beschreiben, sind Sie ein optimistischer Mensch?
Wie ist das Verhältnis zu ihren Eltern? Sind Sie ein Familienmensch? Arbeiten Sie gerne, oder dient ihnen ihr Job nur zum Gelderwerb? Planen Sie ihr Leben, oder nehmen Sie es, wie es kommt? Wie gehen Sie mit Enttäuschungen um? Lassen Sie sich schnell unterkriegen, oder stehen Sie zu ihrer Meinung? Alles wichtige Fragen für die Zukunft.

Wie steht es um ihr Selbstwertgefühl?

Sind Sie sich ihrer selbst sicher, oder fühlen Sie sich oft unsicher. Sind Sie ein Draufgänger oder stehen Sie in der zweiten Reihe. Worauf in ihrem Leben sind Sie stolz und woraus beziehen Sie ihr Selbstwertgefühl? Machen Sie sich klar, wer Sie sind.
So kommen wir zu der zweiten wichtigen Person in diesem Buch: der neuen Frau in ihrem Leben.

Bevor ich ihnen erkläre wie Sie die maximale Bekanntschaftsanzeige aufgeben aber auch welche Frauen sie auf Singlebörsen anschreiben wollen, müssen wir klären, was Sie überhaupt suchen.

Frauen mögen keine Luschen

Frauen verachten Männer mit denen sie alles machen können. Darum lassen Sie ihrer neuen Freundin nicht alles durchgehen. Machen Sie Ihr Ding, natürlich nicht immer, allgemein sollten Sie auf Augenhöhe mit ihrem Schatz sein. Setzen Sie sich aber in entscheidenden Dingen durch. Lassen Sie sich nicht verbiegen. Frauen denken am Anfang einer Beziehung, dieser oder jene Macke gewöhne ich ihm noch ab.
Wenn es nicht anders geht, stellen sie die Beziehung zur Disposition.
Frauen suchen den Mann an dem Sie hochblicken können. Nicht nur körperlich.
Machen Sie auf gar keinen Fall einen bedürftigen Eindruck. Seien Sie selbstbewusst. Frauen mögen starke Männer.
Rasieren Sie sich nass am besten mit einem Rasiermesser. Vorsicht das sollten Sie vorher üben. Trainieren Sie Ihren Körper mit Hanteln oder mit Ihrem Körpergewicht. Empfehlenswertes Buch dazu: Fit ohne Geräte, Trainieren mit dem eigenen Körpergewicht von Joshua Clark. Laufen sie regelmäßig. Lesen sie.

Nichts wirkt auf Frauen anziehender als ein gebildeter, humorvoller Mann.
Kurz: Schaffen sie sich neue Routinen, werden sie ein Typ". Werden sie ein Charaktertyp. Frauen mögen das an Männern. Frauen mögen auch das Kind im Manne. Wirken Sie bloß nicht zu verkopft.

Wenn Sie noch mit 25 bei ihrer Mutti wohnen, sollten Sie es schnell ändern. Sie brauchen auch nicht jeden Tag bei ihrer Mutter anzurufen. Frauen mögen selbstständige Männer.

Die Liste

Wie soll ihre Traumfrau sein, was wollen Sie wirklich?

Das ist die entscheidende Frage: Suchen Sie eine Geliebte für nebenbei oder die Frau fürs Leben. Bevor sie ihre Anzeige aufgeben oder Internet aktiv werden, müssen Sie unbedingt eine Liste mit den Eigenschaften erstellen, die ihre Traumfrau haben soll.

Wie soll ihre Traumfrau sein: Alter, Größe, Figur. Soll Sie Kinder haben? Was ist mit einem Kinderwunsch? Darf sie Haustiere, haben - Katzen? Sollte Sie berufstätig sein? Wie weit sollte Sie von ihnen weg wohnen? Wie steht es mit ihrer Religionszugehörigkeit? Gibt es Ausschlussgründe? Gründe unter denen Sie auf gar keinen Fall etwas mit dieser Frau zu tun haben möchten? Raucherin oder Nichtraucher? Wie sieht es mit den Hobbys aus? Gehen Sie oft in eine Disco? Oder sind Sie eher ein häuslicher Typ? Diese Dinge sollten Sie im Vorfeld für sich klären. Und dann in einer Liste schriftlich niederlegen. Wie sieht es mit ihrem Charakter aus. Sollte sie ein positiver Mensch sein, der Dinge zu Ende bringt? Welche Rolle spielt die Zukunftsplanung für Sie. Hat Sie schon beruflich etwas vorzuweisen.
Ist Sie nachtragend, hat Sie Vertrauen. Ich weiß, das kann man erst nach einiger Zeit sagen, aber Sie sollten alle diese Aspekte im Blick haben.

Was für eine Beziehung suchen Sie überhaupt? Wenn sie auf online Singlebörsen aktiv sind, ergibt sich zwangsläufig, dass Sie auch Frauen kennenlernen, die weiter entfernt wohnen. Kommt für Sie eine Fernbeziehung infrage? Diese Dinge müssen Sie im Vorhinein für sich selbst klären. Merken Sie später, dass eine Fernbeziehung nicht das Richtige ist für sie, haben Sie vielleicht schon eine Menge Zeit und Geld investiert.

Diese Liste brauchen Sie später, wenn sich die Frauen bei Ihnen melden. Sie sollten auf gar keinen Fall zu sehr von dieser Liste abgehen. Sie werden es dann später bereuen. Glauben Sie mir.

Böse Frauen- liebe Frauen

Mittlerweile ordne ich die Frauen in verschiedene Kategorien ein. Lieb und Böse. Wobei sich böse nicht sofort rausstellt, aber wenn sie etwas aufmerksam sind, merken sie es schon.

Ich schildere ihnen mal kurz, was mir einmal widerfahren ist. Ich hatte ein Blind Date mit einer Frau, wir hatten schon einige Male telefoniert, uns aber noch nie gesehen. Sie stand am vereinbarten Treffpunkt. Ganz normale Frau, nichts Besonderes, aber auch nicht unhübsch. Ich begrüßte Sie mit Handschlag. Merkte aber schon, dass Sie von der Begrüßung etwas enttäuscht war. Im Verlauf des Gesprächs ging es dann weiter. Sie: „Gefalle ich Dir nicht?" Ich: „Doch, schon." Sie:" aber Du zeigst das nicht richtig. Ich habe 4 Stunden vor dem Spiegel gestanden." "Habe ich mich zu doll

27

geschminkt?" Ich: „Nein, es ist alles in Ordnung." Sie : Machst Du nicht gerne Komplimente?" „Deine Mimik ist so angespannt." Und so weiter. Kommentar überflüssig. Ich denke sie wissen, was ich meine.

Böse ist mit nichts recht zufrieden, nörgelt immer rum. Sie können machen was sie wollen, sie wird immer etwas zum Nörgeln finden.

Wenn sie mit einer bösen Frau zusammen sind, wird sie ihnen ihr Leben zur Hölle machen. Dann unterscheide ich noch in Lieb und schlau, diese Frauen sind die Besten und Lieb und dumm. Das geht auch noch. Besser als Böse und dumm oder schlau. Wobei böse Frauen die schlau sind, dass schlimmste ist. Dazu gibt es auch ein gutes Buch von John M. Gottman. Titel „ Die 7 Geheimnisse der glücklichen Ehe". Er beschreibt die Dynamik von Kritik und vergleicht Sie mit den 4 apokalyptischen Reitern. Bei ihm heißen diese Kritik, Verachtung, Rechtfertigung und Mauern. Ein sehr lesenswertes Buch. Merken Sie also, dass ihre neue Freundin zu Kritik neigt, seien sie vorsichtig.

Kommen wir jetzt zum eigentlichen Thema. Wie bekommen sie Kontakt zu Frauen? Ein einfaches aber effektives Mittel sind Bekanntschaftsanzeigen. Sie erreichen damit ohne großen Aufwand Tausende von Frauen. Ich habe nach einer Anzeige in der örtlichen Tageszeitung immer zwischen 10 und 20 Kontakte mit Frauen gehabt. Kontakte können aber auch nur SMS gewesen sein. Treffen ergaben sich meist nur zwei bis drei pro Anzeige, nachdem ich meine Liste abgearbeitet hatte.

Was spricht für eine Bekanntschaftsanzeige:

Bekanntschaftsanzeigen sind günstig sie kosten je nach Größe und Auflage zwischen sechs bis 20 €.

Bekanntschaftsanzeigen erreichen genau die Zielgruppe, die Sie suchen.
Bekanntschaftsanzeigen erreichen viele Frauen.

Bekanntschaftsanzeigen benötigen keinen großen Zeitaufwand.

Die Frauen melden sich bei ihnen, Sie müssen nur noch antworten.

Die meisten Frauen, die sich bei ihnen melden, suchen auch.

Bei ihrer Suche und bleiben sie zuerst anonym, Sie müssen ihre Identität nur preisgeben, wenn Sie wollen.

Das Verhältnis Aufwand zu Ertrag ist hervorragend.

Mit romantischen oder originellen Anzeigen machen Sie auf sich aufmerksam. Der Text unterscheidet sie von den anderen Inserenten. Durch die Bekanntschaftsanzeige werden die Frauen dazu gebracht, mit ihnen Kontakt aufzunehmen.

Viele Frauen die ihr Glück auf einer Singlebörse im Internet suchten, haben sich dort schon wieder frustriert abgemeldet. Die sind aber immer noch auf der Suche. Das ist ihre Chance. Ich habe mit Bekanntschaftsanzeigen schon viele gute Frauen kennengelernt.

Um ihre Erfolge zu maximieren, können sie unterschiedliche Anzeigen mit verschiedenen Handynummern aufgeben. Wenn Sie eine Bekanntschaftsanzeige aufgeben, brauchen Sie eine Telefonnummer. Sie können natürlich auch eine Anzeige unter Chiffre aufgeben. Die Vorteile einer Chiffreanzeige sind:

Sie bleiben absolut anonym.

Sie können eine Vorauswahl treffen.

Die Antwortbriefe, die sie bekommen, sagen schon viel über die Dame aus. Anhand des Textes, Handschrift, Aufmachung und Inhalt können Sie sich ein Bild von der Schreiberin machen.

Sollten Sie Ihre jetzige Frau über eine Kontaktanzeige mit Handynummer kennengelernt haben, empfiehlt sich eine Chiffreanzeige.

Tipp: Geben Sie die Anzeige in einer Annahmestelle auf, in der sie auch die Antworten wieder abholen können, und bezahlen Sie in bar. Sonst schickt ihnen die Zeitung die Zuschriften noch ins Haus und bucht den Betrag von ihrem Konto ab.
Wenn Sie gebunden sind, hätten sie dann ein Riesenproblem.

Die Nachteile einer Chiffreanzeige sind nach meiner Erfahrung: Sie werden nicht so viele Antworten auf Ihre Anzeige bekommen wie mit einer Telefonnummer. Viele Frauen machen sich einfach nicht die Arbeit zu schreiben. Wenn Sie schon etwas älter sind, fahren Sie vielleicht mit einer Chiffreanzeige gut. Ein Bekannter von mir

(Mitte 50) hat mit zwei Chiffreanzeigen über 20 Antworten bekommen. Außerdem dauert es bei Chiffreanzeige naturgemäß etwas länger, bis sie die ersten Antworten bekommen. Die Frauen schreiben, schicken dann den Brief zur Zeitung und von dort kommt er zu ihnen oder zu Annahmestelle.

Die besten Erfahrungen habe ich mit Handynummern gemacht. Für ihre Anzeigen sollten sie sich mehrere Handynummern besorgen.

Warum eine extra Handynummer?

Erstmal gibt es einige Spinner, die Tag und Nacht anrufen. Sie sollten ihre neue Nummer nur verwenden, um den ersten Kontakt zu knüpfen.

Später, wenn Sie eine Vorauswahl der Damen getroffen haben, können Sie diese Nummer abschalten. Vorher teilen sie den auserwählten Damen ihre richtige Nummer mit. Ein

Zweithandy bekommen Sie schon für ein paar Euros. Mittlerweile gibt es auch Handys die zwei Simkarten verwalten können.

Tipp: Schaffen Sie sich mehrere Nummern an. Die gibt es in jedem Supermarkt als Prepaidkarten. Achten Sie darauf, dass in ihrem Tarif eine Kostenbegrenzung enthalten ist. Zum Beispiel bei Lidl oder Simyo. Dann ist ab einem bestimmten Betrag (ca. 40 €) Schluss. Was über diesen Betrag geht es gratis. Der Vorteil von mehreren Nummern ist Sie können damit variieren. Mit verschiedenen Nummern können Sie in der gleichen Zeitung zwei unterschiedliche Anzeigen aufgeben. Oder in zwei verschiedenen Zeitungen mit dem gleichen Datum unterschiedliche Anzeigen aufgeben. Beispiel das eine Mal sind sie 25 Jahre und 1,83 m. In der anderen Anzeige 28 Jahre alt und 1,79 m groß. Jede Anzeige natürlich mit einer anderen Telefonnummer. Sie können dann in dem ersten Telefonat ihr Alter und ihre Größe wieder richtigstellen, sagen Sie einfach, „die Frau in der Anzeigenaufnahme hat sich verhört". Sie können auch mehrere Anzeigen in regional verschiedenen Ausgaben aufgeben. In benachbarten Städten zum Beispiel. Alles im Umkreis von 20-30 km von ihrem Wohnort. Die meisten Beziehungen (80 %) werden in diesem Radius geschlossen.

Tipp: wichtig! Speichern Sie alle Nummern der Frauen die sich, melden in ihrem Handy ab. Tun sie das am besten von der ersten Anzeige an und machen Sie sich Stichpunkte. Geben Sie später, was ja sehr wahrscheinlich ist, weitere Anzeigen auf, dann können Sie die Nummer der anrufenden Frauen gleich abchecken. Es werden sich teilweise wieder die gleichen Frauen melden, denen Sie eine Absage erteilt haben.

Tipp: es gibt einige Frauen die kommen einfach nicht an den Mann. Meist haben sie schon optisch irgendwelche Defizite. Diese Frauen melden sich dann öfters auf verschiedene

Anzeigen. Mit der oben genannten Methode
können Sie aber schon im Vorfeld erkennen, wer
da Kontakt mit Ihnen aufnehmen möchte.

Aufgeben einer Bekanntschaftsanzeige

Eine Bekanntschaftsanzeige können Sie online
und telefonisch aufgeben. Am besten inserieren
Sie in ihrer regionalen Tageszeitung. Sie können
auch in Werbeblättern die meist am
Wochenende erscheinen annoncieren. Das
Inserieren in diesen Zeitungen kostet nur ein
paar Euros. Diese Hefte werden gratis an alle
Haushalte verteilt. Sie erreichen auch Frauen, die
keinen PC haben und keine Zeitung abonniert
haben. Es ist auf jeden Fall einen Versuch wert
in diesen Werbeblättern zu annoncieren.

 Wenn Sie gebunden sind, sollten Sie Ihre
Anzeige persönlich aufgeben und dann gleich
bar bezahlen. Sonst wird der Preis für die

Anzeige von ihrem Konto abgebucht. Bei einem gemeinsamen Konto mit ihrer noch Liebsten könnte das peinlich werden. Wenn sie den Text telefonisch aufgeben, lassen Sie sich den Text auf jeden Fall wiederholen. Ich hatte einmal einen Text aufgegeben der handelte von Sekt in der Badewanne. Was meinen Sie, was die Frau in der Anzeigenaufnahme verstanden hatte? Wir haben beide sehr gelacht. Achten Sie auf jeden Fall darauf, dass ihre Telefonnummer richtig rüber kommt. Lassen sie die Dame oder den Herrn der Anzeigenaufnahme den Text und die Telefonnummer wiederholen. Nichts ist ärgerlicher als, dass ihre Anzeige mit einer falschen Telefonnummer erscheint.

Bekanntschaftsanzeige oder Kontaktanzeige?

Bekanntschaftsanzeigen sind keine Kontaktanzeigen.

Unter Kontaktanzeigen inserieren oft professionelle Damen, die dort ihre Dienste anbieten. Gibt es die Rubrik Bekanntschaftsanzeigen nicht, dann nehmen sie die Rubrik Ehewünsche.

Schauen Sie vorher, wie die Rubriken in der Zeitung in der sie annoncieren wollen, aussehen. Entscheiden sie dann, unter welcher Rubrik ihre Anzeige den größten Erfolg hat.

Lernen sie. Testen Sie einfach mal. Geben Sie verschiedene Texte in unterschiedlichen Ausgaben an verschiedenen Wochentagen auf. Halten Sie die Ergebnisse fest. So können Sie ihre Anzeigen optimieren. Die Natur macht es doch auch so. Dort nennt man es Evolution.

Tipp: Wenn Sie mehrere Anzeigen in der gleichen Zeitung aufgeben, fragen Sie nach Rabatt. Meist geht da etwas.

Wann sie nicht annoncieren sollten.

Es gibt mehrere Termine im Jahr an denen sie nicht annoncieren sollten. Es werden sich dann keine oder wenige Frauen melden. Aus eigener Erfahrung kann ich Ihnen sagen das Es keinen Zweck hat vor den Sommerferien eine Anzeige aufzugeben. Dass gleiche gilt für Ostern und Weihnachten. Die Frauen haben dann etwas anderes im Kopf. Vor Silvester ist auch schlecht, danach aber wieder gut. Weil die Frauen die Silvester leer ausgegangen sind dann weiter suchen. Außerdem haben sich viele Frauen vorgenommen das neue Jahr jemanden kennenzulernen. Denken Sie daran, wenn Sie annoncieren wollen. Schmeißen Sie ihr Geld nicht zum Fenster raus.

Der Anzeigentext

Das A und O ihrer Anzeige ist der Text. Sie haben sicher schon einmal die Bekanntschaftsanzeigen anderer Männer gelesen. Die Standardtexte sind ziemlich einfallslos. Darum sollte unser Text anders sein. Dazu müssen wir uns überlegen, was Frauen wollen. Fast alle Frauen stehen auf Romantik und Humor. So sollten auch unsere Texte sein. Entweder romantisch oder humorvoll. Hier eine kleine Auswahl: Sie können diese Texte übernehmen müssen Sie nur noch ihren persönlichen Daten anpassen.

Blinzeln in der Morgensonne, Reden ohne Worte, Mann 44,181 cm sucht Sie für ein Leben voller Leidenschaft und Liebe. Ich könnte dein Fels in der Brandung sein. 0172/000

Liebe ist das Einzige, das wächst, wenn man es teilt. Dafür suche ich Mann 38/1 83 die Frau meines Lebens. Ich weiß, dass es dich gibt, und bin schon lange auf der Suche, Du solltest mir einen Tipp geben. Bitte ruf an 0172/000

Nikolaus 28/173 mit Rute und Sack sucht hübsches Christkind zum gegenseitigen Beschenken.

Diese Anzeige kam sehr gut an. Sie können diese Anzeige aber nur zum Nikolaustag verwenden.

Hand in Hand, lachendes Chaos zärtliche Lust. Romantischer Er 50, 1,78 sucht Sie, die es satt hat am Strand Treibholz zu suchen. Ich könnte Dein Fels in der Brandung sein.

Die ersten Worte der Anzeige sind die wichtigsten. Sie sollten entweder humorvoll oder romantisch sein. Frauen stehen immer auf große Gefühle. Sie können auch die Worte" für feste Beziehung" oder" ich kann der Fels in der Brandung für dich sein" im zweiten Teil verwenden. Beispiele für humorvolle Anzeigen:

Wie viele Raupen muss ich noch essen, bis ich wieder Schmetterlinge im Bauch habe….

Allein im Kino-blöd, alleine schlafen - blöd, alleine frühstücken - total blöd. Romantischer Er, 174, 41 sucht ebensolche Sie ….

Ich denke, Sie wissen jetzt, worauf es ankommt. Überlegen Sie sich für die ersten Worte etwas Besonderes, das große Gefühle auslöst. Im zweiten Teil beschreiben sie dann, was Sie suchen.

Die Anzeige ist erschienen

Herzlichen Glückwunsch. Sie haben ihre erste Anzeige aufgegeben. Viele scheitern schon daran. Vergewissern Sie sich das ihre Anzeige wirklich erschienen ist. Ich habe schon einmal einen ganzen Tag gewartet, mir den Kopf zerbrochen über meinen Anzeigentext. Ein paar Tage später stellte ich dann fest, dass die Anzeige gar nicht erschienen war. Das passiert sogar öfters. Sie sollten sich also unbedingt ein Exemplar der Zeitung, in der ihre Anzeige erscheint, besorgen. So gehen Sie auf Nummer sicher. Jetzt können Sie nur noch warten.

Wenn ihre Anzeige nicht erschienen ist, was nicht selten passiert, klären Sie das in der darauf folgenden Woche ab. Meist ist dann eine Kompensation, in Form einer Gratisanzeige, möglich.

Die meisten Frauen melden sich per SMS auf ihre Anzeigen. Es ist günstiger für Sie .Manche schreiben dann schon ihr Alter und ihren Wohnort.

Beispiel:

Hallo hier ist die Heidi aus Bielefeld. Ich habe deine Anzeige gelesen und möchte gerne mehr über dich erfahren. Meine Telefonnummer ist 0178/000

Sie können jetzt mit dem Handy dessen Nummer Sie angegeben haben Heidi anrufen. Das sollten Sie aber nur tun, wenn Sie auch entsprechend Zeit haben. Denn solche Telefonate können sich nach meiner Erfahrung über Stunden hinziehen. Wenn Sie keine Zeit haben, senden Sie der Frau eine SMS, Text: Danke für deine SMS, melde mich später, (vielleicht schreiben sie noch die Uhrzeit dahin) und ihren Namen, Frank, Thomas, et cetera..

Versuchen Sie so schnell wie möglich die Festnetznummer ihrer neuen Bekanntschaft zu bekommen. Dann wird es für Sie erheblich billiger. Das können Sie erreichen, indem Sie ihr die eigene Festnetznummer anbieten. Oder Sie direkt fragen, kannst Du mir deine Festnetznummer geben? Meist wird Sie sich darauf einlassen. Wenn Sie allerdings sagt: Ich habe keine Festnetznummer." Gibt es ein

Problem. Entweder Sie hat kein Festnetz. Das kann daran liegen, dass Sie kein Festnetz bekommt. Oder Sie ist gebunden und kann ihnen darum ihre Festnetznummer nicht geben. Egal, nicht so gut für Sie.

Wenn sie genug Zeit haben, rufen Sie an. Nehmen Sie aber vorher ihre Liste zur Hand und einen Schreiber. Melden Sie sich etwa so: „Hallo hier ist der Frank, Du hast mich angerufen, wahrscheinlich wegen meiner Anzeige." Sie wird das bestätigen und dann geht das Gespräch los. Erzählen Sie zunächst etwas von sich. Wie alt Sie sind, wie lange sie schon getrennt oder geschieden sind und wie ihre Lebenssituation ist. Konkret:" ja ich heiße Frank, bin 42 Jahre alt, seit zwei Jahren geschieden und wohne allein in einem Haus in Bielefeld. Ich habe zwei Kinder die alle 14 Tage, am Wochenende zu mir kommen." Dann fragen Sie die Dame wie ihre Situation ist? Anschließend schildern sie, wie Sie sich eine Beziehung vorstellen. Sie wird darauf antworten. Jetzt können Sie sich beschreiben. Beispiel:" ich bin 1,85 m groß und wiege 90 Kilo und du?"

Wenn Frauen lügen dann meist bei ihrem Alter und ihrer Figur. Wenn sie sagt, weibliche Figur, dann kann das alles Mögliche heißen. Meist bedeutet das nichts Gutes. Denn wenn Sie 1,55 m groß ist und 120 Kilo wiegt es das nicht gut. Sie sollten das schon hartnäckig nachfragen. So geht es dann weiter . Fragen sie Sie nach ihrem Alter. Wenn die Dame antwortet, etwas älter als du, dann sollten sie schon genau nachfragen. Das ist nicht unhöflich, sondern spart ihnen vielleicht viel Zeit. Beschreiben ihre Hobbys, dann erfragen Sie ihre. So fragen Sie einen Punkt nach dem anderen auf ihrer Liste ab. Ergeben sich viele Übereinstimmungen, und Sie denken es könnte was werden, sagen Sie ihr das. Wenn es wirklich stimmig ist, wird Sie das Gleiche fühlen. Machen sie sich Notizen, wie Alter, Zahl und Name der Kinder der Frau usw.. Dann haben sie bei ihrem nächsten Gespräch gleich wieder ein Gesprächsthema, und wissen Bescheid, wenn sie über Personen redet.

Das Ziel dieses ersten Gespräches ist eine Auswahl zu treffen.

Das Oberziel ist es sich so schnell wie möglich mit den Frauen die sie ausgewählt haben zu treffen. Alles andere ist nur rausgeschmissene Zeit. Sie können stundenlang mit einer Frau reden, und es hört sich wunderbar an. Bevor Sie sich nicht gesehen haben, wissen Sie aber nicht, ob es klappt, denn erst wenn Sie sich wirklich in die Augen schauen, wissen Sie „ES". Sie kommen dann auf eine andere Ebene, auf die Ebene des Unbewussten und dort entscheidet sich dann, ob es klappt oder nicht. Bei mir war es schon einige Mal so, ich hatte mich wunderbar unterhalten, doch beim ersten Treff konnte ich wirklich sofort sagen. „Tut mir leid, aus uns zweien wird nichts."

Wenn alles in Ordnung ist, können Sie mit ihr einen Treff vereinbaren. Dabei sollten Sie den Ort vorschlagen. Es sollte ein öffentlicher Ort sein, zum Beispiel ein Café oder Ähnliches. Fragen sie nach der Uhrzeit und dann machen den Treff klar. Meist geht es nicht so schnell, dann bedarf es noch einiger Telefonate. Doch wenn Sie wirklich interessiert ist, wird es bald soweit sein.

Senden Sie ihr auf jeden Fall eine SMS mit dem Tenor: Es war schön mit dir gesprochen zu haben, ich freu mich aufs nächste Mal. Liebe Grüße Frank.

Danke für das schöne Gespräch. Es war gleich ein so vertrautes Gefühl. Ich freue mich auf unser nächstes Gespräch.

Versenden Sie viele SMS

Überhaupt lieben Frauen SMS Nachrichten. Ich habe mir dazu bei GMX.de den SMS Manager runter geladen. In Verbindung mit dem Tarif TopMail für fünf Euro bekommen Sie dort 100 freie SMS im Monat. Diese können Sie dann bequem per Tastatur eingeben oder mit Copy und Paste einfügen. Es ist sogar möglich, Frauen zeitversetzt SMS zu senden. So können Sie der Dame ihres Herzens, pünktlich jede Stunde eine SMS senden. Obwohl Sie schon lange mit etwas anderem beschäftigt sind. Sie können auch die gleiche Nachricht mehreren verschiedenen Frauen über Platzhalter zu senden. Probieren Sie es einfach aus. Sie werden überrascht von dem Ergebnis sein. Die Frauen werden Sie lieben. Der Inhalt ist nicht so wichtig, allein das Sie an ihren Schatz denken zählt.

Tipp: Die meisten Frauen stehen auf Gedichte. Meine Lieblingsdichter: Rilke, Erich Fried, Pablo Neruda. Diese Dichter und ihre Gedichte kommen bei den Frauen super an.

Kostenlose Bekanntschaftsanzeigen

Sie können auch umsonst eine Bekanntschaftsanzeige aufgeben. Bei Amio.de ist das z. B. möglich. Gehen sie unter Hilfe auf den

Punkt Zeitungsinserat. Dort steht, wie sie kostenlos inserieren können. Vielleicht haben sie schon einmal in der Tageszeitung eine Seite gesehen, auf der die Anzeigen stehen. Allerdings gibt es einen großen Haken dabei. Zum einen ist nur das Aufgeben der Anzeige kostenfrei. Wenn die Frauen ihre Anzeige lesen und dann Kontakt mit ihnen aufnehmen wollen, müssen Sie zahlen und nicht wenig. Andererseits müssen sie auch zahlen, und zwar dann wenn sie die Nachrichten die die Frauen ihnen auf ihre Mailbox gesprochen haben abhören wollen. Alternativ können sie eine Premiumgold Mitgliedschaft abschließen. Kostet für einen Monat 24, 99€ und für 3 Monate 59,99. Dafür können sie dann das Netz von Amio nutzen und kostenlos in den Printausgaben ihrer Region annoncieren. Natürlich auch kostenlos Kontakt zu anderen Amio Inserentinnen aufnehmen. Das Angebot ist dann empfehlenswert, wenn Amio in ihrer Nähe verfügbar ist. Haben sie eine umfangreiche Anzeige aufzugeben, kann diese eine Anzeige schon mal 20 € kosten. Bei Amio ist das dann umsonst, außer die Gebühren für die Mitgliedschaft.

Was ihnen danach passieren kann

Es gibt Frauen die senden eine SMS, sind telefonisch aber nicht erreichbar. Vergessen. Dann werden Sie Nachrichten bekommen, die vor Rechtschreibfehlern nur so strotzen. Vergessen. Dann kann es sein, dass Sie sich mit einer Frau gut unterhalten, Sie aber immer wieder Ausflüchte hat, wenn es um ein Treffen geht. Wahrscheinlich ist die Dame gebunden. Überhaupt sollten Sie mit gebundenen Frauen nichts anfangen. Es gibt genug Single Frauen.

Sie wissen jetzt wie Sie eine Bekanntschaftsanzeige aufgeben müssen und wie sie die ersten Kontakte bekommen. Jetzt erkläre ich ihnen, wie Sie auf Singlebörsen Kontakte zu Frauen bekommen.

Empfehlenswerte Singlebörsen

Im Rahmen der Recherche zu diesem Buch habe ich viele Singlebörsen getestet. Es bietet sich eine fast unüberschaubare Anzahl von Singlebörsen an. Die meisten die ich getestet habe bringen nichts. Das heißt, es sind alte Profile drauf. Frauen aus meiner Umgebung die sich vor mehreren Monaten dort das letzte Mal eingeloggt haben.

Gratis Singlebörsen

Einige habe ich gefunden die absolut empfehlenswert sind. Dazu sind sie auch noch total kostenlos. Es handelt sich dabei um finya.de, LaBlue.de und erwinsdate.de. Von diesen Dreien macht finya.de den besten Eindruck und bietet auch die meisten Funktionen. Finya.de und LaBlue.de sind total werbefinanziert, was am Anfang ein bisschen stört aber man gewöhnt sich schnell daran. Bei lablue.de kann man für einen kleinen Aufpreis, ich glaube es sind zwei Euro im Monat, mehrere Zusatzfunktionen nutzen. Das habe ich auch gemacht, dafür noch ein T-Shirt bekommen, die Extrafunktionen lohnen sich. Erwinsdate.de ist eine regionale Flirtbörse von der örtlichen Tageszeitung in Bielefeld die "Neue Westfälische Zeitung". Vielleicht gibt es in ihrer Gegend auch eine regionale Tageszeitung die eine Singlebörse unterhält. Die sollten Sie sich auf jeden Fall einmal anschauen.

Kostenpflichtige Singlebörsen

Ich habe mir auch mehrere kostenpflichtige Singlebörsen angeschaut. Am besten hat mir Match.com gefallen. Dazu gehört unter anderem neu. de. Ich habe gleich die plus Option genommen, dann wird ihr Profil anderen Mitgliedern (Frauen) empfohlen. Aber nur für einen Monat habe ich gezahlt. In einem Monat sollte ihre Aktion beendet sein. Wenn sie dafür sechs Monate gezahlt haben, ist das Geld weg. Für einen Monat gleich ca. 45 € los. Für sechs Monate hätte ich ca. 150 € bezahlt, also über 100 € mehr. Das lohnt sich nur wenn sie längere Zeit mit der Partnersuche verbringen wollen. Mein Buch wird ihnen aber in kürzerer Zeit viele Erfolge beim weiblichen Geschlecht bescheren. Also wollen Sie eine kostenpflichtige Singlebörse? Dann sind Sie bei Match.com richtig. Es sind unwahrscheinlich viele weibliche Mitglieder dabei, und Sie können auch ausländische Frauen anschreiben. Bei Match.com können Sie Smileys vergeben, ein netter Gag. Das ist natürlich auch ohne Werbung. Sie müssen nur aufpassen, dass Sie rechtzeitig kündigen, sonst verlängert sich der Vertrag automatisch. Friendscout24.de ist auch eine gute Singlebörse. Allerdings ebenfalls kostenpflichtige, Singlebörse. Ich habe auch dort gute Erfahrungen gemacht.

Tipp: Ab und zu gibt es von kostenpflichtigen Singlebörsen Rabatt Aktionen. Vor einiger Zeit z. B. konnte Mann 6 Monate gratis Platinmitglied bei Friendscout24.de über Computerbild werden. Das lohnt sich wirklich.

Ein Profil planen und erstellen

Um ein Profil auf einer Singlebörse zu erstellen, brauchen Sie eine E-Mail-Adresse und einen Namen. Ein Pseudonym. Dieser Name erscheint neben ihrem Bild. Er sollte nichts Anstößiges aussagen und nicht auf den Buchstaben I enden. So wie Mausi, Hasi, Klausi oder ähnliche. Außerdem benötigen Sie noch ein oder mehrere Fotos. Die Fotos sollten so sein, dass man sie auf den Fotos auch in Wirklichkeit wieder erkennt. Es sollte nicht zu gestellt aussehen. Sie sollten auf dem Foto lächeln, das wirkt gleich viel sympathischer und offener. Lassen Sie die Bilder von einem Fotografen machen. Das ist einer Ausgabe, die sich auf jeden Fall lohnen wird. Profile ohne Foto bekommen fast keine Zuschriften von Frauen. Obwohl wirkliche Zuschriften von Frauen sehr selten sind.

Wie Sie als gebundener Mann auch ohne Fotos trotzdem erfolgreich auf Singlebörsen sein können, verrate ich ihnen in dem extra Kapitel für gebundene oder verheiratete Männer.

Zurück zu den Singlebörsen. In allen Singlebörsen werden ihre persönlichen Daten abgefragt. Unter Beziehungswunsch sollten Sie ankreuzen feste Beziehung. Wenn Sie alles ankreuzen Flirt, nette Bekanntschaft et cetera, könnte ihnen das später negativ ausgelegt werden. (Ist mir schon passiert)

Lügen sie nicht bei ihrem Alter. Ihr Alter können sich später nicht mehr selber rückgängig machen. Sie müssen dem Singlebörsen Betreiber dazu eine E-Mail schreiben. (Gilt nur für gratis Singlebörsen) Sie sollten auch bei ihrer Größenangabe nicht schummeln. Wenn Sie sich mit einer Frau treffen wollen, die größer ist als sie, vergessen Sie es gleich. Wenn Sie mehr als zwei Kinder haben, sollten Sie die Angabe unter Kinderzahl offen lassen. Nichts eintragen, das können Sie später immer noch der Frau direkt sagen. Sollten Sie arbeitslos sein, oder einen Job ausüben, der nicht so angesehen ist, schreiben Sie unter Beruf: Arbeiter oder Angestellter. Wichtig ist das Sie erst einmal überhaupt Kontakt bekommen.

Auf den meisten Singlebörsen sind wesentlich mehr Männer als Frauen vertreten. Deswegen sind es die Frauen, die auswählen können. Die Frauen (gut aussehend) werden jeden Tag von vielen Männern angeschrieben. Es herrscht also Damenwahl. Dann gibt es in den meisten Singlebörsen die Möglichkeit zu einem persönlichen Statement. Dort können Sie etwas über sich und ihre Wünsche aussagen.

Musterstatements die funktionieren

Ehrlich, klar, zuverlässig, bodenständig, treu und zupackend. Ich könnte dein Fels in der Brandung sein. Was willst du mehr.

Ich suche eine Frau, mit der ich Hand in Hand durchs Leben gehen kann, gemeinsam und in eine Richtung. Die einfach "Ja" sagt, genau wie ich. Warum ist Liebe soo kompliziert. Ich denke, wenn man „will" geht alles. Das Leben ist schön, noch schöner ist es mit Dir. Ich werde Dich finden, aber Du solltest mir zumindest ein kleines Zeichen geben.

Hier noch ein sehr gutes Statement, das viel positive Resonanz fand:

Starker Mann sucht starke Gefährtin. Mit der ich meine männliche Seite leben kann, wie Sie ihre Weibliche. Die Frau die in guten Tagen mit mir durch unser wunderbares Leben geht. Die dranbleibt, auch wenn die See mal etwas stürmisch ist. Die weiß, was Sie will und wie Sie es bekommt. Trotzdem aber ganz Frau ist.

Durch solch ein außergewöhnliches Statement machen sie die Frau neugierig. Sie möchte gern mehr von ihnen erfahren. Sie ahnt, dass sich hinter diesen Zeilen ein interessanter Mann verbergen kann. Überzeugen sie die Frau indem sie ihr eine Konversation auf hohem Niveau bieten. Spielen Sie Pingpong mit Worten. Frauen mögen das.

Bei finya.de gibt es noch die Möglichkeit 100 Fragen auszufüllen. Ich empfehle Ihnen das. Bei finya .de besteht außerdem die Möglichkeit, d. h., es ist standardmäßig eingestellt, ihr Foto wird bewertet. Diese Bewertung können Sie aber unter den Einstellungen abschalten. Würde ich ihnen auch raten. (Besonders wenn ihre Bewertungen unter sieben gehen).

Was wünschen sich Frauen. Hier eine kleine Auswahl von etwas abgewandelten Statements.

Eine sehr junge Frau

Suche den Mann, der mich "hübsch" nennt, und nicht "sexy". Der mich zurückruft, auch wenn ich aufgelegt habe. Der wach bleibt, nur, um mich schlafen zu sehen.

Diese Frau weiß, was Sie will.

Die Schönheit des Körpers zieht an...
-die der Seele bindet!!!
Ich bin eine FRAU,
die sich als FRAU fühlt
und das auch ausleben möchte

So in der Art gibt es mehrere Statements von Frauen

Ich will mit Dir gemeinsam planen, träumen, weinen, lachen, mit Dir Quatsch machen, zusammen schwimmen gehen, mit Dir am Meer spazieren gehen, mit dir Probleme lösen, mit Dir diskutieren, gute Gespräche führen, auf Dich zu Hause warten, mit dir in der Badewanne liegen,

den leckeren Rotwein mit Dir genießen, verrückte Dinge tun, dich morgens zärtlich wach küssen, durch den Regen gehen, gute Musik hören, wunderschönen Sex haben, Dich trösten, hinter Dir stehen, wenn Du Hilfe brauchst, mit dir den Abwasch machen, Gemeinsam abends Zähne putzen, Dir den Rücken schrubben, die Massage mit Öl, Dir beim Küssen den Atem rauben, mit Dir die Welt erobern..........Ja ich will eine ganze Menge und bin keine für nur einmal.............vergiss es
Suche einfach einen echten Kerl.................und kein Weichei......
und du solltest schon wissen, was du willst und mir nicht immer zustimmen

Gerade das letzte Statement sagt ja viel darüber, aus was für einem Mann sich diese Frau wünscht. Es soll eben kein Weichei sein, sondern ein echter Kerl, der weiß, was er will. Überhaupt, viele Frauen sind unsicher und suchen daher einen Mann, der weiß, wo's lang geht. Frauen imponiert es, wenn Sie ihnen genau erklären, wie sie sich eine Beziehung vorstellen. Die meisten Frauen, die ich kennengelernt habe, wollen einen Mann, der sich entscheiden kann. Nicht einen Herrn „ich weiß nicht", sondern jemanden der die Dinge in die Hand nimmt. Damit machen sie viele Punkte bei den Frauen. Aber wie bekommt man jetzt Kontakt auf Singlebörsen zu seiner Traumfrau? Wenn sie darauf warten, dass Sie von Frauen angeschrieben werden, können sie lange warten. Wie oben schon erwähnt bekommen Frauen weitaus mehr Zuschriften als Männer. Wir müssen also aktiv werden. Das geht dadurch, dass wir die Frauen anschreiben. Da wir aber nicht jeder Frau ein individuelles Schreiben schicken können, läuft es mehr oder weniger über Serienbriefe hinaus. Dazu ein kleines Rechenbeispiel. Ich bekam auf acht Schreiben an Frauen sechs Schreiben zurück davon waren drei nicht interessiert. Mit zweien von diesen Damen lief auch nichts, zu weit weg oder sie schrieben sich schon mit jemandem. Dann blieb noch eine Dame über, mit der man sich schreiben konnte. Im Durchschnitt musste ich 30 Frauen anschreiben, um mich mit einer Frau zu treffen. Das sind nicht gerade ermutigende Zahlen, mit einer Kontakt- oder Bekanntschaftsanzeige ist ihre Ausbeute wesentlich höher. Die Frauen, die sich auf Bekanntschaftsanzeigen melden, sind wirklich interessiert und wohnen in der Nähe. Es ist aber machbar auf Singlebörsen hübsche Frauen kennenzulernen. Sie müssen ihre Schreiben an Frauen nur mehr oder weniger automatisieren. Wie das geht, erfahren Sie im nächsten Kapitel.

Die wichtigsten Funktionen einer Singlebörse

In diesem Kapitel erkläre ich ihnen die wichtigsten Funktionen einer Singlebörse.

In jeder Singlebörse gibt es die Funktion der Suche. Mit der Suchfunktion können Sie Frauen in ihrer Nähe, nach vielen Kriterien suchen. Kriterien sind: Alter, Größe, Kinderwunsch, Familienstand, Raucher, Hobbys et cetera. Mit dieser Funktion ist es ihnen möglich die Frau ihres Herzens zu finden. Dann gibt es die Funktion Favoriten. Bei finya.de ist es möglich Favoriten in verschiedenen Farben zu kennzeichnen. Das ist zum Beispiel sehr praktisch, wenn Sie unterscheiden wollen, Frauen, die noch angeschrieben werden sollen, und Frauen, die sie angeschrieben haben. Es ist ja peinlich zweimal die gleiche Frau mit einem identischen Text anzuschreiben. Bei LaBlue.de gibt es die Funktion Notiz. Damit können Sie die Frauen kennzeichnen, die Sie noch anschreiben wollen, ebenso diejenigen, die schon angeschrieben haben. Diese beiden Funktionen sind sehr wichtig für uns. Dann gibt es in quasi jeder Singlebörse eine Anzeige der Besucherinnen, die ihr Profil besucht haben. Das ist auch sehr praktisch, denn so wissen Sie, welche Frauen wirklich auf der Suche sind. Wenn sie dann das Bild ihrer Besucherinnen anklicken, gelangen Sie auf das Profil der Dame. Dort sehen sie, ob Sie online ist, oder wann sie das letzte Mal online war. Die Qualität einer Singlebörse zeigt sich auch daran, wie viele Frauen im Moment online sind. Es nützt ja nichts, wenn eine Singlebörse viele Mitglieder hat, die aber seit Monaten nicht mehr aktiv waren. (Karteileichen). Bei finya.de gibt es eine ausgefeilte Suchfunktion, und die Favoriten sind schon wie gesagt farbig. Wenn Sie mit nur einer Singlebörse beginnen, empfehle ich ihnen finya.de. Schauen Sie sich diese Funktionen bei den Singlebörsen jetzt einmal in Ruhe an, langsam wird es ernst. Im nächsten Kapitel stellen wir Kontakt zu Frauen her.

Erfolgreich Kontakt herstellen

In diesem Kapitel lernen Sie: 1) gezielt Frauen zu suchen und 2) Frauen anzuschreiben. In den vorangegangenen Kapiteln habe ich ihnen erklärt, wie die Funktion der Suche funktioniert. Fangen Sie bei finya.de an und suchen Sie zehn Frauen aus ihrem Bereich, die Sie gern kennenlernen möchten, aus. Markieren Sie die Frauen, die Sie interessieren mit einem gelben Stern. Suchen Sie solange weiter, bis sie zehn Frauen haben. Achten Sie darauf, dass diese Frauen nicht zu lange inaktiv waren. Also wenn die Frau das letzte Mal vor drei Monaten online war, lohnt sich das Anschreiben nicht.

Ich habe Ihnen ja schon erklärt, dass Sie zu vielen Frauen Kontakt aufnehmen müssen, um ihre Traumfrau kennen zulernen. Das geht nur, wenn Sie mehr oder weniger automatisierte Schreiben (Serienbriefe) verwenden. Serienbriefe sind in den meisten kostenlosen Singlebörsen per AGB untersagt. Ich habe es selber ausprobiert, senden Sie mehrmals hintereinander den gleichen Text, gibt es die Warnung: dass sie das nächste Mal vom System ausgeschlossen werden. Wie umgehen wir jetzt diese Klippe? Zunächst fragen wir uns woran erkennt das System, das sich um einen Serienbrief handelt. Da ist einmal der gleiche Text und zweitens der kurze Abstand, in dem dieser Text versendet wird.

Wir müssen dafür sorgen nicht zu schnell hintereinander den gleichen Text zu versenden. Das geht folgendermaßen: Sie öffnen zum Beispiel in Mozilla Firefox zwei Tabs. Einmal öffnen Sie finya.de, in einem anderen Tab öffnen Sie LaBlue.de. Dann suchen Sie bei finya.de die erste Frau die sie als Favoriten gekennzeichnet haben und schicken ihr einer von meinem Mustermails natürlich personalisiert mit ihren Daten. Sie können natürlich auch einen eigenen Text nehmen. Probieren geht über studieren. Nun gehen Sie zu LaBlue.de und senden der ersten Dame die sie dort mit einer Notiz gekennzeichnet haben die gleiche Mail, natürlich personalisiert mit ihrer Anrede. Jetzt öffnen Sie wieder finya.de nehmen mein zweites Musterschreiben und senden es ihrer zweiten Favoritin. Dann wieder zu LaBlue.de und schicken ihrer zweiten Dame eine Mail. In der Zwischenzeit hat sich vielleicht schon einer von den Damen die Sie angeschrieben haben gemeldet. Jetzt müssen sie natürlich antworten. Tun sie das. Durch all diese Maßnahmen erkennt das System einer Singlebörse nicht, dass es sich um Serienmails handelt. In der anschließenden Kommunikation dürfen Sie natürlich nicht durcheinander kommen. Schreiben Sie eine Frau aus Versehen mit einem anderen Vornamen an, können Sie diese Frau vergessen.

Musteranschreiben an Frauen

Hallo Zimmer22 (hat der Name eine Bedeutung?) Liebe ist zwei Herzen, die im Takt schlagen. Ich möchte mit dir nicht nur Hand in Hand in eine Richtung schauen, sondern auch gehen. Ich suche dich für den Rest. Melde dich, damit wir wieder komplett sind. Dann kannst du deinen weiblichen Teil wieder leben, so wie ich meinen männlichen Teil. Ich suche eben meine "Eva". Ich denke du verstehst. Wenn du auch so denkst, Romantik, Treue und Beständigkeit für dich wichtig sind und du endlich ankommen möchtest, dann schreib mir einfach. Der längste Weg beginnt mit einem kleinen Schritt. Du musst ihn nur tun. Ich freue mich auf deine Antwort. Liebe Grüße von Frank

Hier ist noch ein weiteres Anschreiben, das sehr gut bei den Frauen ankam.

Hallo Susanne. Liebe ist alles. Wer wagt gewinnt heißt es, darum schreibe ich dir jetzt. Liebe ist zwei Herzen, die im Takt schlagen. Ich suche die Frau, die mein Herz

berührt, um mit ihr gemeinsam mein Leben zu teilen. Ich glaube, wenn man im Denken übereinstimmt, zieht auch alles andere nach. Ich suche jemand mit dem Ich Hand in Hand nicht nur in eine Richtung schaue, sondern gehe. Ich bin seit 2009 geschieden und verdiene mein Geld als Angestellter. Ich bin sehr zuverlässig und erwarte das auch von Anderen. Ich könnte dein Fels in der Brandung sein. Wenn du endlich ankommen möchtest, dann schreib mir. Wir können doch nur gewinnen. So-oder-so. Ich freue mich auf deine Antwort. Liebe Grüße

Verwenden Sie diese beiden Schreiben und warten Sie die Reaktion ab. Irgendwann, nach den ersten drei – vier Schreiben an Frauen kommen die ersten Antworten.

Das ist ihre Antwort:

Hallo Gunnar, ich habe mich über Deine Nachricht gefreut und Bielefeld ist ja fast vor meiner Haustür. Leider bin ich völlig unerfahren im Internet dies ist mein erster Kontakt, sehr spannend! Es könnte also etwas holprig werden. Liebe Grüße aus Osnabrück Sabine

Das habe ich wieder zurückgeschrieben:

Hallo Sabine schön das Du dich meldest, also ich bin auch kein Profi. Ziel dieser ganzen Veranstaltung soll ja sein das Wir uns bald sehen. Ich schreibe dich heute Abend wieder an,(nach 20 Uhr)und gebe dir meine Telefonnummer, weil dieses ganze Getippe bringt ja nichts. Dann kannst du mich anrufen und wir erfahren mehr. Eventl. können wir uns bald sehen, wenn es nicht mehr so heiß ist. Bis später Frank

Ich freu mich drauf, bis später Sabine

Das Ziel unserer Kommunikation soll sein, zunächst das Interesse der Frauen zu wecken und dann Kontakt zu ihnen zu bekommen. Sie müssen versuchen, so schnell wie möglich mit der Dame zu telefonieren. Das machen Sie am besten in den Sie ihr anbieten die eigene Festnetznummer zu senden. Lässt sich darauf ein, haben sie schon fast gewonnen. Wenn sie die eigene Festnetznummer senden, ist das für die Frau auch schon ein gutes Zeichen. Denn dann können sie nicht mehr gebunden sein. Es gibt aber auch von O2 eine Festnetznummer fürs Handy. Sodass Sie nicht mehr auf ihre eigene Festnetznummer vom Haustelefon angewiesen sind.

Wenn sie mit einer Frau telefonieren, bekommt ihre Beziehung schon eine andere Qualität.

Chatten ist auch eine Funktion, die von vielen Singlebörsen angeboten wird. Ich halte persönlich nichts vom Chatten. Während sie noch über die Antwort auf eine vorher gestellte Frage nachdenken, kommt schon die nächste Nachricht. Meiner Meinung nach führt diese ganze Tipperei zu nichts. Ist das sehr schwierig, wenn sie sich mit mehreren Frauen schreiben.

Wenn die angeschrieben Frau absolut nicht mit ihnen telefonieren möchte, vergessen Sie diese Frau. Letztendlich soll ja alles auf ein baldiges

Treffen hinauslaufen. Die Realität ist im Off. Das Leben findet nicht im Internet statt, sondern in der Realität. Mit der Zeit werden sie allerdings merken, dass sich einige Frauen sehr wohl auf ihrer Plattform fühlen. Sie genießen anscheinend die Komplimente, die sie bekommen. Andauernd ändern Sie Ihr Statement oder tauschen ihre Fotos gegen andere aus. Bei diesen Frauen werden sie vergebens um ein Treffen bitten.

Ich denke sie wissen jetzt, worauf ich hinaus möchte. Seien Sie aktiv und schreiben sie jeden Tag Frauen an. Sie werden immer einige Absagen bekommen, in dem Ton: Leider bist du nicht mein Typ, ich bin nicht interessiert, ich schreibe mich gerade mit jemand anderen und möchte nicht zweigleisig fahren.

Ich habe es immer so gehalten, dass ich mich für die Nachricht bedankt habe und der Dame noch alles Gute gewünscht habe.

Es kann auch vorkommen, dass Sie selber angeschrieben werden. Meist leider nicht von den Damen, von denen man es sich wünschen würde. Das kann man so beginnen: "Schönen Sonntagmorgen." Sie möchten höflich sein und Schreiben zurück: " Wünsche ich dir auch. „Darauf Sie: „Was machst du gerade?" Jetzt ist der Punkt an dem Sie die Konversation abbrechen sollten. Ich habe das immer so gemacht, dass ich der Dame schrieb: "Mein Bauchgefühl sagt Nein." Eine der Antworten die ich daraufhin bekommen habe war:" Gegen dein Bauchgefühl kann ich ja nichts machen." Genauso ist es.

Tipp: was ihnen auf Singlebörsen auch noch passieren kann. Sie werden von einer umwerfenden hübschen Frau angeschrieben (sehr attraktiv). Ihr Text: Hallo ich finde dich attraktiv und würde dich gerne näher kennenlernen. Aber auf dieser Singlebörse schicken mir viele Leute unseriöse Angebote. Darum melde ich mich jetzt hier ab, du kannst mich aber auf der Singlebörse XY Z besuchen. Ich würde mich freuen, wenn mir noch weiterhin Kontakt hätten.

Wenn Sie das dann tun, müssen sich nicht nur bei der Singlebörse XY Z neu registrieren, sondern eine kostenpflichtige Mitgliedschaft abschließen. Unnötig zu erwähnen, dass Sie niemals Kontakt zu dieser Frau bekommen werden. Also seien Sie gewarnt. Warum sollte eine 30 jährige Frau, Sie Anschreiben, wenn Sie vielleicht 20 Jahre älter sind. Sie werden nicht von Frauen angeschrieben, es sei denn, es ist offensichtlich warum. Es kann nur um Geld gehen. Komischerweise setzt bei vielen Leuten das Denken aus, wenn es um Kontakt zu schönen Frauen geht. Wahrscheinlich hat die Lokmail ein Mann geschrieben. Zu diesem Thema gibt es auch mehrere Seiten im Netz.

Bei den kostenpflichtigen Singlebörsen gelten die Einschränkungen bei den Anschreiben nicht, Sie können so oft Sie wollen das gleiche Anschreiben versenden. Sie zahlen ja auch schließlich dafür.

Teil Zwei
So wird aus einem Kontakt eine Beziehung

In diesem Teil erkläre ich ihnen, wie Sie aus dem ersten Kontakt mehr machen, wenn Sie es wollen. Dieser Teil geht vom ersten Treffen bis zum Schluss machen. Außerdem gibt es ein extra Kapitel für gebundene Männer.

Egal ob Sie Kontakte per Kontaktanzeige oder durch Netz bekommen haben, der Ablauf ist immer derselbe.

Sie haben schon ein paar Mal mit der Dame telefoniert und einen Treffpunkt vereinbart. Den Treffpunkt haben sie ausgesucht. Es sollte sich dabei um einen öffentlichen Ort handeln. Ein Kaffee, Eisdiele oder etwas in der Art. Wenn sie Geld genug haben, können Sie die Dame auch direkt zum Essen einladen. Doch sie haben sie noch nie gesehen, deswegen empfehle ich ihnen einen Treffpunkt neutraler Art.

Das erste Treffen

Frauen achten besonders auf Hände, Augen, Mund und Schuhe. Sie lieben den gepflegten Mann. Sie sollten gut duften. Vermeiden Sie auch auf jeden Fall Mundgeruch. Dagegen helfen jede Menge Bonbons. Wenn sie keine haben, gibt's auch an jeder Tankstelle. Und denken Sie daran, sich zu rasieren. Wenige Frauen küssen gerne eine Stachelbeere.

Frauen haben einen besseren Geruchssinn als Männer.

Tipp: Als Aftershave kommt Nivea Balsam immer gut bei den Frauen an.

Was sollten Sie anziehen? Gleich zu gleich gesellt sich gern, je nachdem mit was für einer Frau sie sich treffen. Arbeitet Sie auf einer Bank oder Ähnliches wäre ein flippiger Auftritt wahrscheinlich fehl am Platz. Ist sie eine Studentin oder hat sie einen kreativen Job, fährt man vielleicht ganz gut mit so einem Outfit. Wenn Sie nicht wissen was Sie anziehen sollen, Stoffhose oder Jeans und ein Oberhemd plus Sakko kommen immer gut an. Achten Sie darauf, dass die Farben einigermaßen zusammenpassen. Vor allem das T-Shirt, das sie unter dem Oberhemd tragen, sollte farblich dazu passen. Also nicht grün zu Blau. Achten Sie auf ihre Fingernägel. Sie sollten nicht so aussehen als hätten sie sie mit ihrem Taschenmesser geschnitten. Ihre Schuhe sollten auch nicht abgelaufen, sondern geputzt sein.

Seien Sie pünktlich in ihrem Treffpunkt. 5 min vor der Zeit ist sogar noch besser. Dann bestimmen Sie den Sitzplatz. Bringen Sie ein Geschenk mit. Ich bevorzuge Rosen. Langstielige, orangefarbene oder gelbe Rosen. Keine Dunkelroten. Denn wie wollen Sie sich später dann noch steigern.

Wenn die Dame erscheint, begrüßen sie Sie freundlich mit Handschlag und überreichen ihr die Rose. Sehen Sie ihr dabei in die Augen. Überlassen Sie der Frau die Wahl des Sitzplatzes. Wenn Sie in ein Lokal gehen, helfen Sie ihr aus ihrem Mantel und auf ihren Stuhl. Frauen lieben Kavaliere. Auch wenn sie alles selber können, lassen Sie sich gern helfen. Das sollten Sie dann auch tun.

Was Sie nicht tun sollten: Führen Sie keine stundenlange Monologe über sich selber. Oder ihren Job. Interessieren Sie sich für die Frau. Was macht Sie? Was sind ihre Hobbys. Was hat Sie für eine Einstellung zu Kindern, Familie, gemeinsamer Zukunft und so weiter. Vermeiden Sie es über ihre vergangenen Beziehungen zu reden.

Die Dame ist nicht ihr Typ.

Die Dame ist nicht ihr Typ. Meist beruht das auf Gegenseitigkeit, sodass Sie sich da schnell einig sind. Wenn nicht, sagen Sie ihr: „Ich habe mir etwas anderes vorgestellt." Wenn Sie eine Begründung verlangt, sagen Sie:" Mein Bauchgefühl sagt Nein." Und gegen ihr Bauchgefühl kann sehr schlecht etwas sagen. Verabschieden sie sich dann zügig.

Die Dame ist ihr Typ. Prima, dann sind sie eventuell am Ziel ihrer Träume angelangt. Sie sollten jetzt nicht zu euphorisch werden, sondern sie müssen auch noch Ihre Wohnung sehen. Ich hatte schon mehrmals Treffen mit normal aussehenden Frauen, die in mehr oder weniger Chaoswohnungen lebten. Ein besonders krasser Fall war eine Frau, die in einem Hochhaus lebte. Das Treppenhaus war schon voller Papier und Dreck. Ich fragte Sie ob heute Altpapiersammlung wäre? Sie sagte es sähe bei ihr immer so aus. Es war eine Dreizimmerwohnung. Ein Zimmer war total voll Müll. Im Schlafzimmer waren die Jalousien heruntergelassen, doch man konnte sehen, dass die Betten nicht bezogen waren. Sie wollte mir ein Hühnchen machen, dieses Hühnchen lag in der Spüle. Daneben saß ihr Kater. Da ist mir dann wirklich alles vergangen. Ich wollte nur noch ganz schnell fort.

 Darum sollten Sie noch etwas warten, bevor sie zu euphorisch werden.

Die Frau gefällt ihnen

Meist merkt man er schon nach ein paar Sekunden, ob es klappen könnte oder nicht. Erzählen Sie nicht allzu viel von ihrem Job.
Ich habe mal einem Kumpel ein Rendezvous vermittelt. Er ist Unternehmer und sprach die ganze Zeit nur von seiner Firma. Das kam bei der Frau überhaupt nicht gut an. Sie langweilte sich und aus seinem Date wurde natürlich wieder nichts. Frauen möchten mehr über Sie, über ihre Vorstellung von einer Partnerschaft wissen. Wie Sie eventuell eine Beziehung leben möchten. Sie suchen den besonderen Mann. Er sollte einzigartig sein. Belesen, humorvoll, intelligent, strebsam, großzügig, kinderlieb, gut aussehend, erfolgreich, treu und natürlich auf jeden Fall romantisch. Außerdem sollte er natürlich die Dame auf Händen tragen und ihr jeden Wunsch von den Lippen ablesen. Nein besser, ihre Wünsche schon im Voraus erraten. Natürlich kann das kein Mann leisten. Deswegen müssen wir uns auf ein paar von den oben genannten Attributen beschränken. Im Idealfall ist das intelligent, humorvoll und romantisch. Wenn sie

ihrer neuen Bekanntschaft das rüber bringen, haben Sie gewonnen. Denn die meisten ihrer Geschlechtsgenossen können nicht damit dienen. Es gibt zu diesem Thema auch ein gutes Buch, es heißt: Evolution des Geistes. In diesem Buch wird die These entwickelt, dass intelligente, romantische und humorvolle Männer mehr Kinder haben, als Männer denen diese Attribute fehlen und das sich deswegen der Geist und das Bewusstsein entwickelt haben. Ist ja klar, Frauen mögen lieber Gedichte als Geschrei und Flaschenbier. Das Buch zu lesen lohnt sich.

So machen sie aus dem Treffen eine Beziehung

Lächeln ist das Zauberwort. Sie selber und natürlich auch die Dame sind sehr nervös. Sagen Sie es ruhig, das nimmt schon ein bisschen Spannung raus.

Erzählen Sie nichts oder nicht viel von ihren verflossenen Frauen. Wenn doch mal das Gespräch darauf kommen sollte, wie viele Frauen Sie schon gehabt haben. Dann sollten Sie Antworten:" drei." Und lächeln.

Ich habe mal ein Treffen mit einer Frau gehabt, die brachte gleich ein Fotoalbum mit ihren ganzen verflossenen Freunden mit. Dann gestand sie mir noch, das ist der Karl , den liebe ich immer noch ein bisschen. Außerdem hatte sie einen kleinen Hund, Minipudel oder so ähnlich. Der sollte dann bei uns im Bettchen mit schlafen. Ich hab sie nie wieder gesehen.

Modulieren Sie ihre Sprache. Meist sprechen Männer ziemlich eintönig und senken am Ende des Satzes die Stimme. Das ist die Sachebene. Zugänglich wird die Stimme indem Sie während des Satzes die Stimme mal anheben und dann wieder senken auf jeden Fall sollten Sie ihre Stimme zum Ende des Satzes wieder heben.

Dieser Tipp steht auch in dem absolut empfehlenswerten Buch: kommunikative Kompetenz: Weniger ist mehr! Von Wolfgang J. Linker. Die Mikromuster der Impuls-Kommunikation. Dieses Buch kann ich Ihnen wirklich empfehlen. Aus dem Klappentext: Mit diesen kleinsten verbalen und nonverbalen Impulsen lassen sich Botschaften einfach und wirkungsvoll steuern und die kommunikative Kompetenz entscheidend verbessern.

Seien Sie locker, erzählen Sie ruhig mal einen Witz Sie können doch nur gewinnen. Wenn die Stimmung gut ist, können Sie versuchen vorsichtig Körperkontakt herzustellen. Es sollte so aussehen, als wenn das mehr oder weniger zufällig wäre.

Das geht in den Sie die Dame am Oberarm berühren, oder ihre Hand.

Wenn die Dame nicht zurückzuckt, auf ihre Berührung, dann haben sie schon fast gewonnen. Erzählen Sie ihr, wie sie leben und wie sie sich ihre neue Beziehung vorstellen. Fragen sie Sie, wie sich ihr neues Leben an ihrer Seite vorstellt. Frauen sind ja tendenziell unsicher und suchen einen starken Partner, der weiß, was er will. Aber Vorsicht. Nicht alle.

Komplimente

Machen sie der Frau ihrer Träume Komplimente. Sagen sie es ihr, wenn sie die Frau hübsch finden. Sprechen Sie über ihre ausdrucksvollen Augen. Über die tolle Figur und die geschmackvolle Kleidung. Auch wenn sie bei ihr zu Besuch sind. Loben sie die geschmackvolle Einrichtung. Die Beleuchtung, etc. . Tun Sie das, aber nur wenn sie es auch so meinen. Übertreiben sie nicht dabei. Mann kann alles übertreiben und dann wirkt es nicht mehr echt.

Was sie auf keinen Fall tun sollten, ist kritisieren. Wenn ihnen etwas nicht gefällt, packen sie es in die ich Form. Dann weiß sie Bescheid, fühlt sich aber nicht direkt angegriffen. Denn dann muss man ja reagieren, denken zumindest viele Leute. Ich nicht. Ich möchte nicht Recht haben, ich will lieber wachsen. Auch ein Spruch, der bei Frauen gut ankommt.

Die magischen Worte

Egal ob Sie der Frau eine SMS schicken, oder mit ihr reden, es gibt bestimmte Worte, die große Gefühle in ihr auslösen. Die Worte sind: Liebe, Herz, Schicksal, ewig, Sehnsucht, wir gehören zusammen, ich habe dich gefunden, das Schicksal hat uns zusammengebracht. Diese Worte können Sie zusammen kombinieren und erhalten immer etwas Gutes.

Was ist besser: Du bist die Beste – oder du bist die Einzige? Natürlich. Du bist die Einzige. Die Frau meines Lebens. Das Schicksal hat uns zusammengebracht.

Versuchen sie es einmal. Sie werden überrascht sein, die Resonanz kann ein sehr entspannter Abend sein.

Sie zahlen

Wenn Sie nicht alleine schlafen wollen, zahlen Sie die Rechnung. Und zwar ohne jeden Kommentar, nicht etwa:" das ist aber ganz schön teuer hier."Am besten Sie zahlen so, dass die Frau es gar nicht mit bekommt.

Geben Sie der Bedienung noch ein ordentliches Trinkgeld. Aber nicht übertreiben. Frauen mögen großzügige Männer. Insgeheim suchen Frauen den Ernährer. Unbewusst ist wahrscheinlich in ihren Genen verankert.
Auch wenn die Frau sich selbst leisten kann, sieht Sie es gerne, wenn der Mann spendabel ist.
.

Widerstehen Sie auf jeden Fall der Versuchung mit ihr den gleichen Abend noch Sex zu haben. Das ist keine gute Idee. Wenn es schief geht, wird die Dame sagen:" Du warst von Anfang an nur auf Sex aus!" Machen Sie es sich zur Regel, Sex erst am dritten Abend.

Wenn das Treffen gut gelaufen ist und Sie eine Wiederholung wünschen, sprechen Sie die Frau direkt darauf an." Wollen wir uns wieder sehen?"

Wenn Sie ja sagt, dann ist alles klar. Wenn sie Nein sagt, ebenso. Wenn Sie ja gesagt hat, sagen Sie ihr, dass sie froh darüber sind. Bringen Sie noch zu ihrem Auto oder zu ihrer Bahn.

Anschließend senden Sie eine SMS:" Danke für den schönen Abend, Du bist eine tolle Frau, ich freu mich schon aufs nächste Mal."

Das zweite Treffen

Wenn Sie sich das zweite Mal sehen, wird das wahrscheinlich bei ihnen oder bei ihr sein. Ich beschreibe jetzt zunächst, wie ihre Wohnung gestaltet sein sollte, damit sie einer Frau gefällt. Fangen wir beim Badezimmer an. Das Badezimmer ist ein wichtiger Ort für Frauen. Nicht nur das Sie lange vor dem Spiegel stehen können, Sie liegen auch gerne in der Badewanne.

Ihr Badezimmer sollte sauber sein, besonders die Toilette. Außerdem sollte es gut geheizt sein. Frauen mögen es gern kuschelig warm. Auf keinen Fall sollte es dort schlecht riechen. Benutzen sie WC Steine oder Spüler und halten sie ihre Toilette sauber. Kommen wir jetzt zum Schlafzimmer. Beziehen Sie Ihre Betten neu. Sorgen Sie für eine indirekte Beleuchtung. Frauen mögen es nicht, wenn ein Halogenstrahler auf sie gerichtet ist. Auch sollten sie für eine angemessene akustische Berieselung sorgen. Fragen Sie vorher den Musik Geschmack ihrer neuen Freundin ab. Die Matratzen sollten hart sein. Das Zimmer sauber, keine Bilder von Verflossenen an den Wänden und keine Pornos in der Schublade. Überhaupt nichts in der Wohnung, was auf vergangene Beziehungen hindeutet. Es sei denn, Sie sind verwitwet, aber auch dann nur in Maßen.

Vergleiche Sie ihre neue Frau nie mit einer EX. So: „ja, aber die Soundso hat mir immer dies und das gemacht." Das kommt bei Frauen überhaupt nicht gut an.

Auf keinen Fall Sexspielzeug in der Schubladen Frauen sind überhaupt total neugierig, rechnen sie immer damit, dass sie ihre Wohnung durchsucht!

Das gleiche gilt natürlich auch für ihr Handy. Löschen Sie alle SMS, die nicht mehr aktuell sind.

Tipp: Sie sollten eine Stereoanlage verwenden mit der Sie Musik im MP3 Format abspielen können. Vorteil Sie brauchen nicht jede Stunde die CD zu wechseln.

Wenn es auch unklug ist, gleich am zweiten Tag Sex zu haben, könnte sich der schon ergeben. Seien Sie darauf vorbereitet, indem sie genügend Präservative da haben. Es wäre doch blöd, wenn es letztendlich daran scheitern sollte.

Ich kannte mal jemanden, der hatte eine Frau kennengelernt, sie war auch nicht abgeneigt, doch es fehlten die Kondome. Also machte er sich auf die Socken und besuchte die erste Kneipe. Leider war dort der Kondomautomat defekt. In der zweiten Kneipe gab es keinen Kondomautomaten. In der Dritten wurde er fündig. Doch da er in jeder Kneipe und noch ein Bierchen trinken musste, war sein Bett leer, als er endlich zuhause war.

Aber kommen wir zurück zu ihrem trauten Heim. Es sollte natürlich alles aufgeräumt sein, und sauber. Besonders ihre Küche wird von ihrer Liebsten gründlich inspiziert. Schließlich wird das ja wahrscheinlich einmal ihr Arbeitsplatz sein. Punkte können Sie machen, wenn sie noch ein kleines Menü zubereiten können. Halten sie ihren Kühlschrank sauber.

Das Wohnzimmer sollte nicht zu kitschig eingerichtet sein. Allgemein gilt: Vermeiden Sie alles, was auf frühere Beziehung hindeutet. Es sollte gemütlich sein und auch ausreichend warm.

Sorgen Sie dafür, dass genügend zu essen und zu trinken für den Fall der Fälle da ist. Sekt oder Prosecco ist immer gut.

Sie gehen zu ihr

Bringen Sie auf jeden Fall ein Geschenk mit. Hat Sie Kinder, sollten Sie auch an diese denken. Lassen Sie sich im Spielzeugladen beraten, welche Spielzeuge altersgerecht sind.

Wenn Sie bei ihr sind, sollten Sie auf jeden Fall ein Kompliment über ihre schöne Wohnung machen, wenn Sie denn schön ist.

Der erste Sex

Alles läuft harmonisch, sie haben sich schon 2-3 Mal gesehen. Dann könnte es jetzt der richtige Zeitpunkt sein. Küssen sie ihre Liebste. Frauen lieben Küsse. Aber küssen sie richtig. Nicht die Frau abschlabbern, sondern mit Gefühl und

Zunge. Stecken sie ihr nicht die Zunge einfach in den Mund sondern spielen sie mit ihr. Alles Weitere findet sich dann. Denken sie an Mundgeruch, besonders auch wenn sie mehrere Kronen auf den Zähnen haben. Benutzen sie Kaugummis oder Eukalyptusbonbons.

Klären sie die Verhütungsfrage, bevor sie ins Bett steigen. Gehen sie nicht selbstverständlich davon aus, dass die Frau sich schützt.

Sie hat ihre Tage. Dann sind Frauen besonders empfindlich, verzichten sie dann auf Sex, und warten noch ein paar Tage. Sie wird es ihnen danken.

Den ersten Akt sollten sie im Bett mit ihr vollziehen. Besonders wenn ihr Lebensalter schon etwas vorangeschritten ist, alles andere ist nicht so gut. Später kann man sein Spaßgebiet ausweiten. Doch beim ersten Mal sollten sie auf Nummer sicher gehen.

So sollten sie es auch beim Sex machen. Nachdem das Verhütungsproblem geklärt ist, geht es unter die Kuscheldecke. Natürlich nicht mit Socken!!! Als Unterhose empfehle ich Boxershorts, aber nicht mit komischen Motiven. Sonst meint ihre Liebste, sie ist im Kindergarten.

Es gibt Männer die tragen mit Comic Figuren bedruckt T-Shirts.

 Vergessen sie das Vorspiel nicht. Kommen sie ja nicht zu früh.

 Die Dame oben ist immer gut für die Frau, denn dann bestimmt sie das Tempo und den Rhythmus. Verzichten sie zu Anfang auf orale Einlagen, das kann sich später noch alles entwickeln. Wenn ihre Liebste gekommen ist, sind sie dran. Jetzt das Nachspiel nicht vergessen, schlafen sie bloß nicht sofort ein. Fragen sie auf keinen Fall, „wie war ich?"

Kuscheln und reden sie noch ein bisschen und dann schlafen sie in Löffelstellung ein. Machen Sie Ihr Komplimente," Du, hast eine tolle Figur, ich steh auf deine Brüste." Dein Hintern macht mich total an. "Frauen lieben das. Es gibt ja viele Variationen von Sex. Das ist genau wie beim Essen, da gibt es die Imbissbude und das edle Restaurant. Beim Sex ist das einmal der Quickie und das andere Mal die Übernachtung in einem Romantikhotel. Sie können ihrer neuen Freundin auch ruhig mal sagen wie scharf sie auf Sie sind und dass sie ihr am liebsten die Klamotten vom

Leibe reißen würden. Die meisten Frauen stehen auf solche Sprüche, nicht alle. Ausprobieren.

Haben sie Angst, dass sie nicht ihren Mann stehen können, dann sollten sie ihren Arzt befragen.

Der kann Ihnen weiterhelfen. Zurzeit gibt es drei Mittel, die ihnen effektiv weiterhelfen. Das sind Viagra, Levitra und Cialis. Wobei Cialis am längsten wirkt. Von Cialis haben Sie, wenn Sie nicht nur einmal Sex wollen, am meisten. Lassen Sie sich gleich die stärksten Tabletten verschreiben. Diese können Sie dann mit einem Tablettenteiler unterteilen. Tablettenteiler gibt es in der Apotheke, kostet etwa drei Euro. So sparen Sie eine Menge Geld. Tipp: Fragen Sie Ihren Arzt nach gratis Mustern. Das spart Ihnen noch mal Geld. Im Übrigen sind diese Tabletten nicht billig. Vier Stück kosten ca. 60 €. Der Arzt schreibt zwar immer Reimporte auf, doch bis jetzt habe ich keine Apotheke getroffen, die mir das liefern konnte. So können Sie mit einem einfachen nein noch mehr Geld verdienen.

Einige von meinen Kollegen besuchen die so genannten" Flatrate" Bordelle. Flatrate heißt einmal zahlen und so viel Sex mit verschiedenen

Frauen, wie man möchte. Um auch den letzten Cent heraus zu vögeln, schmeißen sie sich nach dem ersten Mal eine Potenzpille rein. Ich denke das ist nicht gut.

Aber wir waren ja jetzt bei ihrer neuen Freundin. Schicken Sie ihr am nächsten Tag auf jeden Fall eine oder mehrere SMS. Tenor: Es war toll mit dir und ich freue mich aufs nächste Mal.

Bringen sie nicht am dritten Abend ihren Sex Werkzeug Kasten mit. Es könnte sein, dass dann bald Schluss mit ihrer neuen Eroberung ist, weil Sie sie entweder für pervers hält oder denkt, Sie reicht ihnen nicht. Dass gleiche gilt für Sexwäsche aus dem Sexshop. Fragen sie ihre Freundin bei Gelegenheit, ob Sie nicht mal Lust hätte so einen Laden zu besuchen. Wenn ihre Antwort ist: „Brauchst du so was?" dann wissen sie Bescheid.

Allgemein kann man sagen, entwickelt sich das Liebesleben mit der Zeit. Das Vertrauen wächst, man gibt mehr von sich preis und weiß, wie der Andere tickt. Es gibt aber auch das Gegenteil. Ich weiß von vielen Männern, dass es mit ihrem

Sex ständig bergab ging. Unabhängig voneinander haben sie mir folgende Geschichte erzählt. Bevor Sie verheiratet waren, hatten sie teilweise mehrmals am Tag Sex in allen Variationen. Nach der Heirat nahm die Frequenz drastisch ab, vielleicht noch zweimal die Woche und nach dem ersten Kind gab es vielleicht noch zweimal im Monat Sex. Kein Wunder, das diese Männer fremdgegangen sind. Natürlich hatten sie dabei ein schlechtes Gewissen. Braucht Mann aber nicht zu haben. Ich denke Sex ist ein Grundbedürfnis. Wie Essen und Trinken.

Wenn ihre neue Freundin nicht sofort einen Orgasmus bekommt, sollten sie sich keine Sorgen machen. Bei uns läuft die Sache praktisch immer auf einen Orgasmus hinaus. Bei Frauen ist die Sache weitaus komplizierter. Für Sie kann Sex auch ohne Orgasmus gut sein. Es gibt auch einige Frauen, die noch nie beim Sex gekommen sind. Die meisten Frauen natürlich schon und sie wissen auch, wie Sie einen Orgasmus bekommen können. Sprechen sie ihre Liebste darauf an, was sie machen können. Denken sie dann immer

98

daran „Ladies first." Allgemein ist die Stellung, wo die Frau oben ist am besten für Sie. Sie kann dann den Rhythmus und das Tempo bestimmen. Guter Sex ist ein Prozess. Dabei gilt das Motto: Übung macht den Meister. Wenn Sie Probleme mit ihrer Standfestigkeit haben, sollten Sie Ihren Arzt besuchen. Cialis ist dabei, meiner Meinung nach die beste Wahl.

Allgemein wird Sex viel zu hoch gehängt. Sex kann nicht die Basis einer Beziehung sein. Die Qualität einer Beziehung hängt von anderen Dingen ab. Meiner Meinung nach, ist es so, dass wenn im Kopf alles gleich ist oder alles klar ist, der Sex nach zieht.

Ihre neue Freundin ist Hartz 4 Empfängerin

Viele alleinerziehende Frauen sind Hartz 4 Empfängerinnen. Das liegt schon in der Natur der Sache. Wie sollen die Frauen auch mit kleinen Kindern arbeiten gehen. Das Problem ist folgendes: Wenn Sie arbeiten und ziehen mit ihrer Freundin zusammen, leben Sie in einer Bedarfsgemeinschaft. Das bedeutet das alle

Einkommen der Beteiligten zusammengezählt werden. Dann wird der Bedarf ermittelt und dann ergibt sich, ob das Amt noch etwas zahlt. Für Sie bedeutet das: Sie müssen ihr Einkommen für alle in der Bedarfsgemeinschaft einsetzen, auch für die Kinder. Wenn Sie sehr gut verdienen und nichts mehr vom Amt bekommen, müssen Sie ihre Freundin auch noch privat versichern. Wenn Sie auch noch eigene Kinder haben, für die Sie unterhaltspflichtig sind, oder einen Kredit haben, kann, dass die Pleite für Sie bedeuten. Überlegen Sie dich diesen Schritt also ganz genau. Erkundigen Sie sich bei der ARGE. Besser ist auf jeden Fall getrennte Wohnungen.

Sie schnarchen.

Das kann ein ernstes Problem für ihre Beziehung werden. Wenn Sie wissen, dass sie schnarchen, dann sollten sie mit ihrer Liebsten darüber reden. Wie sie damit umgehen wollen. Gibt es einen alternativ Schlafplatz, für Sie. Darf Sie sie nachts aufwecken? Auch wenn Sie dann nicht mehr einschlafen können und um 5 aufstehen müssen. Machen Sie sich darüber Gedanken, sonst wird es ihre Liebste tun. Beim Thema Schnarchen gehen die Meinungen auseinander. Ich kenne jemanden der hat sich operieren lassen, doch dass hat nichts gebracht. Ohrenstöpsel können auch helfen. Davon gibt es verschieden Ausführungen, die ganz einfachen helfen jedoch meist nicht. Lassen Sie sich von einem Hörgeräte Spezialisten beraten. Der kann ihnen wahrscheinlich helfen.

Sie sind gebunden

Sie leben in einer Beziehung, sei's mit Trauschein oder ohne. Sie können sich im Moment nicht trennen, oder sie wollen es noch nicht. Sie sind trotzdem nicht glücklich in ihrer Beziehung und suchen eine Frau. Dann sind Sie hier genau richtig. Zunächst einmal sollten Sie die Grundlagen für ihre neue Beziehung schaffen. Wann hätten sie überhaupt Zeit? Was für eine Ausrede haben Sie für regelmäßige Verabredung. Sie müssen auf jeden Fall regelmäßig Zeit für ihre neue Liebe einplanen. Dafür brauchen sie eine glaubhafte Ausrede. Diese Ausrede kann eine Mitgliedschaft in einem Verein sein. Zum Beispiel Fitnessstudio. Sie können aber auch ein Nebenjob annehmen, bei dem sie am Wochenende oder abends unterwegs sind. Das könnte sein Taxifahrer oder im Bewachungsgewerbe. Keine Frau kann es ihnen übel nehmen, wenn sie noch nebenbei Geld für die Familie verdienen.

Also die Basissituation ist, dass Sie im Moment gebunden bleiben möchten. Wenn Sie in Scheidung leben würden, wäre es ja egal was sie tun würden. Kommen wir zur Umsetzung. Sie brauchen auf jeden Fall ein extra Handy. Dazu nehmen Sie am besten ein Prepaid-Handy. Simkarten dazu gibt es in jedem Supermarkt. Die Kosten zwischen fünf und zehn Euro. Nehmen Sie eine SIM-Karte mit Kostenbegrenzung. Dann ist bei 39 oder 40 € Schluss. Egal wie viel Sie telefonieren oder simsen, Sie brauchen nicht mehr als diesen Betrag zu bezahlen. Von diesem Handy sollte ihre Frau aber nichts wissen. Für gebundene Männer empfiehlt sich besonders

eine Bekanntschaftsanzeige. Die ehrliche
Anzeige wäre:

Mann, 40,174 gebunden sucht Sie mit starken
Nerven (ich bin ehrlich) 0172…
Diese Anzeige kann Erfolg haben.
Wahrscheinlich ist es aber nicht.

Darum sollten Sie zunächst eine ganz normale
Bekanntschaftsanzeige aufgeben. Die Frauen
melden sich dann bei Ihnen. Sie sollten Ihr
Handy irgendwo ablegen, wo ihre Nochfrau es
nicht finden kann. Auf lautlos stellen. Dann
können Sie, wenn Sie Zeit haben, sehen wer sie
angerufen oder ihnen eine Nachricht geschickt
hat. Wenn sie dann genügend Zeit haben, rufen
Sie die Frauen zurück. Arbeiten Sie ihre Liste ab.
Wenn die Frauen nach ihrem derzeitigen
Beziehungsstatus fragen, sagen Sie: Sie wären
seit einiger Zeit geschieden. Sonst haben sie
kaum eine Chance eine vernünftige Frau kennen
zu lernen. Sie brauchen den Frauen ja auch am
Telefon nicht ihre ganze Lebensgeschichte zu
erzählen. Nach dem ersten Treffen, auf jeden
Fall, bevor Sie mit ihr ins Bett gehen, sollten sie

unbedingt die Wahrheit sagen. Erklären Sie, Sie wollten einfach mal etwas Neues ausprobieren, sind jetzt aber total verliebt in sie. Sagen Sie: Amors Pfeil hat mich getroffen, wahrscheinlich gleich zweimal. Ich muss dir das jetzt sagen, ich bin noch verheiratet, aber total verliebt in dich. Sagen Sie ihr das nichts mehr in ihrer alten Beziehung läuft, und überlassen Sie die Entscheidung ihr.

Aus Erfahrung kann ich sagen, dass 80 % der Frauen, wenn Sie sie wirklich mögen, dass dann auch akzeptieren. Natürlich immer mit dem Gedanken Hinterkopf, dass Sie sich wirklich von ihrer Frau trennen werden. Sagen Sie nichts, wollen aber mit ihr länger zusammenbleiben, werden Sie sehr schnell Ärger bekommen. Die Frau wird merken, dass mit ihnen etwas nicht stimmt. Sie haben ja wenig Zeit und müssen ihre Beziehung ständig verstecken.

Wenn ihre neue Freundin das dann später irgendwie raus bekommt, gibt es meist Riesentheater und dann ist Schluss. Sie wird sich betrogen fühlen (mit Recht), das Vertrauen ist zerstört. Sie müssen natürlich immer damit rechnen, dass ihre Geliebte mit Sprüchen kommt:" Du brauchst mich nur für das Bett".

Wenn Sie von Anfang an wissen, dass es mit der Frau nur einmal sein wird, brauchen Sie allerdings nichts zu sagen.

Kommen wir zu dem anderen Teil. Ihre Frau darf noch nichts mitbekommen. Wie oben schon geschrieben, sollten Sie am besten zwei Handys besitzen. Ein offizielles Sie Ihre Frau und ein inoffizielles für ihre Geliebte.
Es gibt mittlerweile auch Handys mit 2 Simkarten. Den Empfang für die einzelnen Simkarten können Sie einstellen. Sagen wir die Uhrzeit für ihre Geliebte auf die Arbeitszeit beschränken. Von 8-17Uhr. Dann brauchen Sie nicht 2 Handys mit sich rum schleppen. Empfehlenswert ist das Ipro. Gibt es bei Amazon für ca 39€.
Wenn ihre neue Freunde starker Raucher und ist, sie nicht und ihre noch Frau auch nicht,

vergessen Sie es. Dass Sie nicht mit Knutsch- oder Lippenstiftspuren nach Hause kommen dürfen, ist klar. Haben Sie noch ab und zu mit ihrer Frau zuhause Sex, müssen sie auch weiterhin mit ihr schlafen. Sonst wird Sie misstrauisch. Bezahlen Sie alle Geschenke für ihre Geliebte mit Bargeld, schmeißen Sie die Rechnung weg. Sonst können sie in Erklärungsnöte kommen, wenn ihre Frau sie fragt, mit wem Sie denn beim Griechen essen gewesen sind. Hat ihnen ihre neue Freundin Bilder gegeben, verstecken sie Sie gut. Wenn Sie mit ihr ausgehen, bitte nicht Hand in Hand, selbst auf der anderen Seite der Erdekugel, wahrscheinlich gerade dort, könnten sie einen gemeinsamen Bekannten von Ihnen und Ihrer noch Frau treffen. Das Schlimmste wäre dann noch, wenn Sie Ihren Bekannten nicht sehen. Der räumliche Abstand zwischen ihren Wohnort und den ihrer Geliebten sollte mindestens 10-15 km betragen. Oder möchten Sie bei ihrem Familieneinkauf ihre neue Freundin treffen. Könnte peinlich werden. Wenn Sie zu Ihrer Freundin fahren, parken Sie Ihr Auto nicht direkt vor ihrem Haus. Denken Sie daran das

Licht in ihrem Auto auszumachen, es ist schlecht, wenn Sie morgens losfahren wollen und das Auto springt nicht an. Wenn Sie bei ihr schlafen, sollten Sie den Wecker stellen. Das sollten sie lieber selber tun, da es sein kann, dass ihre Freundin das vergisst, und zwar extra. Sie müssen damit rechnen, dass ihre Freundin alles tun wird, um sie für immer zu besitzen. Trinken Sie bei ihr keinen Alkohol. Erschöpft aussehende Männer, die am frühen Morgen mit dem Auto unterwegs sind, werden oft von der Polizei angehalten. Es ist wirklich sehr schlecht, wenn sie wegen ein paar Gläschen Sekt ihren Führerschein verlieren würden. Wie kämen sie dann auch zu Ihrer Freundin?

Machen Sie Ihr Geschenke. Bringen Sie öfters irgendeine Kleinigkeit mit. Wenn Sie Kinder hat, sollten Sie auch an diese denken. Die Kinder sind diejenigen, die bei einer Trennung am meisten leiden. Sie sollten sich auf gar keinen Fall in die Erziehung der Kinder ihrer Freundin einmischen. Sie können versuchen ein guter Freund zu sein. Den Kindern helfen mit dem Computer richtig umzugehen oder bei irgendwelchen anderen technischen Dingen. Seien Sie großzügig. Weihnachten und Silvester sind kritische Tage. Vielleicht können Sie sie sich ja Heiligabend für ein paar Stunden abseilen. Dann machen sie die privat Bescherung bei ihrer Freundin. Geschenke können Sie online bestellen, und direkt an die Adresse ihrer Freundin schicken. Das macht Sinn. Reservieren Sie auch mal zwei Tage an einem Wochenende für ihre neue Freundin. Sie leidet, wenn sie nicht da sind. Sie haben ihr ihre Familie und ihre Freundin...... machen Sie sich auch nichts vor, im Grunde sucht jede Frau etwas Festes. Rufen Sie ihre Geliebte jeden Tag an. Schicken Sie ihr SMS. Der Inhalt es nicht so wichtig, sie weiß dann das Sie an sie denken. Wenn sie Sex mit ihrer Geliebten hatten, den sie auf jeden Fall duschen. Frauen haben eine sehr feine Nase.

Beichten Sie niemals

Egal was kommt, wenn sich das Verhältnis zu Ihrer Frau wieder bessert, wie auch immer: Erzählen Sie ihrer Frau nie etwas von ihren Seitensprung - so in Form einer Beichte. Sie wird nie wieder Vertrauen zu ihnen haben. Die beste Lüge ist besser als die Wahrheit. Wenn Sie gestehen, werden Sie es ewig bedauern. Tun sie das nicht.

Pflegen Sie ihr Alibi. Sollten Sie wirklich eine Nacht bei ihrer Geliebten durchschlafen, vor Erschöpfung oder wie auch immer. Was sagen Sie Ihre Frau? Überlegen Sie sich das vorher. Vielleicht haben sie einen alten Kumpel getroffen, und sind mit dem gemeinsam versackt. Diese ganzen Dinge sollten Sie sich vorher überlegen. Sie sollten immer einen Plan B haben.

So lernen sie Frauen im Netz kennen obwohl sie gebunden sind.

Das geht so!

Legen Sie ein oder mehrere Profile auf Singlebörsen an. Natürlich ohne Bild. Mit einem guten Statement werden sie die Aufmerksamkeit der Frauen erringen, wenn sie sie anschreiben. In dem Anschreiben sollten sie der Frau anbieten ihr ein paar Bilder zu schicken, per Mail. Schreiben sie ihr, dass sie in der Öffentlichkeit stehen und schlecht als partnersuchend bekannt sein möchten. Bei bestimmten Berufen ist das durchaus plausibel. Auch wenn Sie in vielen Vereinen sind, klingt das überzeugend. Wenn die Frau wirklich interessiert ist, wird Sie ihr Angebot annehmen. Anschließend handeln Sie genau wie bei der Bekanntschaftsanzeige.

Wenn sie nicht telefonieren möchten und auch nicht auf einer Singlebörse aktiv werden wollen, sollten sie eine Chiffre Anzeige aufgeben. Gehen sie dazu in eine Annahmestelle. Geben sie den Text auf. Bezahlen sie bar und fragen sie, wann sie denn die Antwortbriefe abholen können. Damit sind sie wirklich total anonym.

Dritter Teil

Ein Selbstversuch:

Auf meiner Anzeige: Sonnenstrahlen auf der Haut, Augenblicke festhalten, Sekt in der Badewanne und soooviel Zärtlichkeit. Liebe Frau von Mann gesucht 43, 1,74 Chiffre (die

Anzeige kostet 24 €) bekam ich sechs Zuschriften.

Eine davon war weiter weg und ohne Telefon. Habe ich gleich vernichtet. Eine weitere Zuschrift war von einer Küchenhilfe 39,164. Sie hatte schon schlechte Erfahrungen mit Männern gemacht und suchte jetzt die große Liebe.

Musste ich bei meinem persönlichen Hintergrund auch gleich vernichten.

Gaby, 31,178 hat mir einen Brief mit Collagen ihres Gesichts geschickt.
Das machte mich neugierig. Leider konnte man außen Schnipsel nichts über ihr Gewicht erfahren. Ich rief Sie also an. Bei meiner obligatorischen Frage nach dem Gewicht sagte sie über 100 Kilo. Sie können auch nicht abnehmen, da sie den ganzen Tag als Arzthelferin tätig wäre. Abends ist sie dann so kaputt, dass nichts mehr geht. Na dann geht bei mir auch nichts mehr.

Dann war da noch Gudrun 37 ohne Kind. Arbeitete bei der Krankenkasse. Hatte leider nur ihre E-Mail-Adresse angegeben. Ihre Hobbys: Reisen, ausgehen, schönes Leben. Sie wurde lang auch sofort alles so mehr wissen. Ich schrieb ihren zurück, ich als Romantiker würde ihr das lieber alles persönlich sagen.

Dabei ist es auch geblieben
Es gibt auch viele Frauen, die esoterisch veranlagt sind. Bestes Beispiel ist die Frau, die einen großen Kindergarten leitet, bei mir aber eine Geisteraustreibung machen wollte. Zusätzlich sollte der Fußboden aus Kork herausgerissen werden. Ohne Kommentar.
Dann gibt es Frauen, viele Damen haben übrigens Katzen, die ernsthaft meinen, es würde ihnen nichts ausmachen mit ihrem kleinen Haustier das Bett zu teilen.

Da bekam ich übrigens einen interessanten Anruf. Ich frage ja wie immer nach dem Gewicht, die Dame antwortet 75 Kilo und im Nachsatz sagt Sie: Davon sieht man aber nur 65 Kilo. Dann frage ich wie sieht's mit Haustieren aus? Sie antwortet: Ich habe zwei Katzen, die schlafen im Bett, aber die sieht man nicht. Erst wollte ich mir die Magie anschauen, habe dann aber darauf verzichtet.

Sandra

Sandra schrieb mir, sie wäre sehr leidenschaftlich, und egal, ob ich reich oder arm wäre. Sie würde mich nehmen. Außerdem teilte sie mir mit, dass sie bald eine neue Wohnung beziehen würde, ein Kind hätte, das aber bei seinem Vater lebte. Ansonsten war noch ein recht ansehnliches Bild beigefügt.

Ich rief also an und wir verabredeten uns für einen der nächsten Tage. Am folgenden Tag bekam ich wieder einen Brief, diesmal nicht von Sandra, sondern von der angeblich besten Freundin Sandras.

In dem Brief stand, das hübsche Foto wäre nicht von Sandra, auch hätte sie nicht ein Kind, sondern drei Kinder und das Vierte wäre unterwegs. Ich sollte eine glückliche Familie nicht zerstören, sondern mir jemand anders suchen.

Ich rief Sandra wieder an, sie teilte mir mit, den Brief müsse der eifersüchtige Mann, bei dem Sie gerade lebt geschrieben haben. Sie wollte aber nichts von ihm, er aber von ihr.

O. K. ich wollte Sie sehen. Wir trafen uns und haben uns auch ganz gut verstanden. Doch die Umstände, unter denen sie lebte und ihre unklare Vergangenheit ließen keine Dauerbeziehung zu.
 Kurz darauf gab ich wieder eine Anzeige auf. Die erste SMS kam:

Hallo, suchst du feste Beziehung oder willst du nur Spaß? Bin Single, wohne in B….

Ich habe gleich angerufen, ich wollte Spaß auf Dauer. Das wollte sie auch. Wir telefonierten in den darauffolgenden Tagen öfters. Das ging ganz schön ins Geld, weil sie nur eine Handynummer hatte.

Sie schien schon einiges mitgemacht zu haben. Ihr letzter Mann war ziemlich brutal und hatte sie wohl öfters misshandelt.

Wir trafen uns um 19 Uhr in der Unikneipe. Ich hatte natürlich eine schöne rote Rose mitgebracht. Das hätte sie auch erwartet, sagte sie. O. K. ich trank einen Kaffee, sie wollte einen Cappuccino. Danach dann 5 große Gläser Wein. Das war es dann. Das Lokal wurde immer voller, sie schweinigelte richtig rum und wurde immer lauter.

Die Batterien ihres Vibrators wären leer. Sie würde ganz böse Sachen zu mir sagen, wäre aber im Grunde ein liebes Mädchen.

Dann sagte sie auf einmal: Nimmst du es oder nicht? Dabei zückte sie einen roten Apfel: Willst du oder nicht?

Da dämmerte es mir! Wie damals im Paradies. Hatte ich so auch noch nicht gehabt. Ich sagte natürlich, von dir nehme ich alles.

Dann erzählte sie mir noch, dass sie ungefähr 150 Oberteile hätte, diese würden alle in ihrem Schlafzimmer rumliegen. Darum würde es dort aussehen wie bei Woolworth in der Umkleidekabine.

Nach ca. 2 weiteren Stunden brachte ich sie vor ihre Haustür, sie wollte mir noch an die Hose gehen, doch mein Bedarf war für den Abend gedeckt. Sie hat noch mal angerufen, aber No Chance.

Zwei Damen hatte ich noch auf meiner Liste, die trotz meiner unermüdlichen Tätigkeit immer länger wurde, weil sich immer neue Frauen meldeten.

Darum wollte ich an einem Tag zwei auf einem Streich erledigen. Die erste auf dem Weg zur zweiten Dame nur kurz sehen, lohnt sich – oder nicht. Die erste Dame war die Susann und die zweite hieß Petra. Mit Petras hatte ich es ja. Wobei die Petra mich schon richtig heißgemacht hatte. Sie wäre tätowiert, ein Geweih auf dem Arsch und eine Blume am Bauch. Ob mich das stört. Ich sagte, das wäre doch kein Problem. Dann sagte sie noch so was wie, sie müsste auch zum Zahnarzt, weil sie mal einen Unfall gehabt hätte, dabei wären ein paar Zähne rausgeflogen.

O. K. ich dachte mir (leider) nichts weiter dabei. Außerdem wäre sie ganz schön verliebt in mich und wollte auch gleich mehr.

Ich dachte, das hört sich gut an. In meinem Kopf lief schon das komplette Programm ab. Leider musste ich an diesem Tag wieder besonders lange arbeiten. Doch versprochen ist versprochen und wird auch nicht gebrochen.

Nach der Arbeit schnell nach Hause, deduscht, gegessen und dann noch schnell zwei Rosen gekauft.

Mittlerweile bombardierten mich die beiden schon mit SMS, was denn los wäre. Ob ich es mir anders überlegt hätte?

Mit ein paar Telefonaten hatte ich die Sache wieder im Griff. Mit Susann traf ich mich an einem Möbelhaus. Sie war nicht schlecht, aber zu dünn, 51 KG. Supernett und hatte außerdem Haribo im Auto. Das war sehr gut und bracht ihr bei mir schon viele Pluspunkte ein. Als die erste Tüte leer war, sagte sie, es wäre noch eine Tüte im Kofferraum. Hätte ich die man aufgegessen. Doch statt dessen fiel mir die Petra ein, die ja ein paar Kilometer entfernt am

Bahnhof wartete. Ich verabschiedete mich bei Susann und meldete mich nie wieder.

Als ich am Bahnhof ankam, es war schon ziemlich spät, kam Petra. Weiße Wildlederstiefel mit Fransen, eine weiße Daunenjacke und Jeans. Von Weitem sah sie ganz gut aus. Ich stieg aus, überreichte ihr meine Rose, dann traf mich der Schlag. Sie hatte nur noch 16 Zähne, und alle im Unterkiefer, außerdem wog sie nur noch geschätzte 39 kg, sie sprach von 45, doch das war schwer übertrieben. Ich konnte sie ja nicht einfach wieder aus meinem Auto rausschmeißen, also fuhr ich sie nach Hause. Sie hatte mit ihren Jungs ein Reihenhaus gemietet. Als ich vor ihrer Haustür stand, sagte sie: Gleich kommt, was Kleines auf dich zu, bitte nicht streicheln. Es beißt dir sonst in die Finger.

Das war es für mich. Jetzt hatte ich endgültig die Nase voll. Es war ein nicht so kleiner Hund. Dafür, dass seine Besitzerin nur noch die halbe Zahnleiste hatte, war ihr Hund sehr gut mit Zähnen bestückt, die Dinger sahen verdammt lang und spitz aus. Er sprang ein paar Mal an mir hoch, schaut immer wieder auf meine Finger. Ich habe ganz schnell meine Tasse Kaffee getrunken, immer bemüht, meine Hände nirgends runterhängen zu lassen. Bevor ich ging, fragte ich sie, ob sie sich schon mal mit jemanden getroffen hätte.

Sie bejahte, doch sie hätte gar nicht verstanden, dass sich der Mann nie wieder gemeldet hat. Ich verstand das um so besser, darum habe ich mich auch unter Vortäuschung von Kopfschmerzen ganz schnell verabschiedet. Auf em Rückweg habe ich mich dann noch verfahren. Nie wieder.

So ist das im Partnersuchgeschäft, nichts ist einfach. Obwohl jeder Suchende wird reichlich belohnt. Im Laufe der Jahre habe ich auch viele sehr schöne Erfahrungen gemacht.

Man lernt bei jeder neuen Frau dazu. Auch viele ganz praktische Dinge, auf die ich als Mann überhaupt nicht gekommen wäre.

Mittlerweile habe ich auch persönlich man ganz großes Glück gefunden. Natürlich mithilfe der Ratschläge, die ich in diesem Buch aufgeschrieben habe. Letztendlich kann ich Ihnen nur ans Herz legen folgende Dinge unbedingt zu berücksichtigen: 1) denken Sie an die Liste, gehen sie nicht ab von den Dingen die sie dort aufgeschrieben haben. Letztendlich gab es ja Gründe, warum spezielle Kriterien für Sie wichtig sind. Gehen Sie nicht davon ab, sonst werden sie später unglücklich werden. 2) geben Sie nicht auf und bleiben sie so lange auf der Suche, bis sie ihr Glück gefunden haben. Nicht umsonst gibt es den Volksspruch auf jeden Pott passt auch ein Deckel..

Lernen Sie nein zu sagen. Kernkompetenz für mich in den letzten Jahren war oft nein zu sagen. Ich habe sehr viele Frauen kennen gelernt, von denen einige teilweise sehr anhängig wurden. Leider musste ich vielen Frauen gleich beim ersten Kennenlernen eine Absage erteilen. Nach einer Zeit wird das zu Routine. Warum soll man aber seine Zeit verschwenden, wenn man genau weiß, dass es mit dieser Frau nicht funktioniert.

Ich empfehle Ihnen auch, wenn es mit Ihrer Beziehung nicht mehr funktioniert sich zu trennen, anstatt noch viel Zeit damit zu verbringen auf eine Besserung zu hoffen. Wenn einmal der Wurm drin ist, funktioniert es nicht mehr. Sie sollten auch, dann eine Zeit alleine leben. Ich kenne viele Männer die immer von einer Beziehung in die andere gegangen sind. Sie haben dadurch nie gelernt einige Zeit mit sich selbst zu verbringen, und sich dadurch auch selbst zu reflektieren.

Ich habe das bewusst eine ganze Zeit durchgezogen, und habe dadurch gelernt mit mir besser klar zukommen. Natürlich kommt dieses Wissen auch meiner Partnerin jetzt zugute.
Noch ein guter Tipp: Laufen Sie den Frauen nicht hinterher. Machen Sie auf gar keinen Fall auf bedürftig. So in dem Stil-ich brauche dich, ich komm ohne dich nicht klar. Es kann sein das die Frau dann wieder auf sie eingeht, doch innerlich wird Sie Sie verachten.

Noch ein letzter guter Tipp: Starten Sie sofort mit ihrer persönlichen Partnersuche. Das Leben ist einfach zu kurz, um lange einsam zu bleiben.
Sie können doch nur gewinnen. Auch wenn es nicht sofort klappt, lernen sie und können dadurch ihre Partnersuche ständig verbessern. Genauso macht es doch die Evolution.

Denken Sie noch einmal daran, wie wichtig es ist die richtige Frau zu suchen. Ganz am Anfang des Buches habe ich von der Liste geschrieben die sie vor der eigentlichen Partnersuche anfertigen sollen.

Beherzigen Sie diesen Tipp! Viele Männer, die ich auf ihre Partnersuche begleitet habe, wollten ihre Kriterien außer Acht lassen und sich mit einer schönen Frau zu treffen, die nicht alle Anforderungen erfüllt.

Davon habe ich ihnen abgeraten, was nützt die größte Schönheit, wenn der Rest nicht stimmt. Es sei denn, sie suchen nur eine kurzfristige Liebschaft.

Wenn Sie dagegen die Frau ihres Lebens suchen, sollten sie schon sorgfältig vorgehen. Die meisten Männer verwenden mehr Zeit auf die Suche eines neuen Fahrzeugs, als auf die Partnersuche.

Beherzigen Sie diesen letzten Tipp. Ansonsten-das Leben ist schön und bunt und Partnersuche kann sehr viel Spaß machen.

Dieses Buch ist ja auch das Ergebnis meiner eigenen, erfolgreichen Partnersuche.

Ich wünsche Ihnen viel Erfolg.

Ihr
Gunnar-Velhagen